すばらしきアカデミックワールド

オモシロ論文ではじめる心理学研究

越智 啓太 著
Keita Ochi

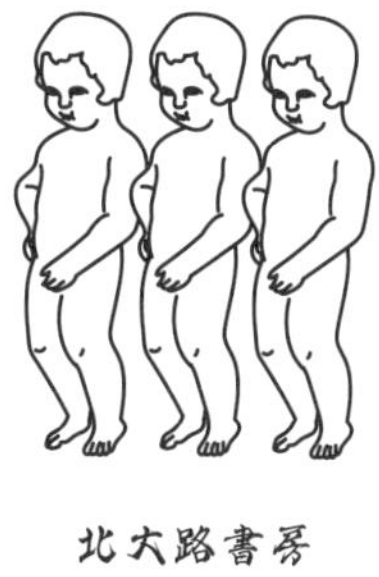

北大路書房

はじめに

心理学は、人間の行動を科学的に明らかにしようとする学問です。われわれが日常生活をおくる中で人間の行動を観察して、興味深い行動を発見し、実験や調査をとおして、その原因をさぐっていくのです。

そのため、心理学の研究者はまず、研究対象である人間をじっくりと観察していくことが重要なはずです。フィールドに出て多くの人を観察し、また、多くの人と交流する中ではじめて興味深い行動が発見できるからです。

ところが最近のとくに日本での心理学研究を見てみると、人間をじっくりと観察して新たな現象を発見するようなものよりは、先行研究の些細な問題点を取り上げ、それを複雑な統計手法を用いて明らかにするという研究スタイルがなぜか多くなっているような気がします。現在の日本の心理学の最先端の研究は、素人（あるいは心理学科の初年次学生）には、なにがなんだかよくわからない現実離れしたものになってきているのではないでしょうか。

しかし、海外の研究を見てみると、まだまだ素朴な人間観察からスタートするオモシロ論文が少なくありません。その中には時にはっとさせられるものや、最初は「そんなばかな」と思うけれども論文を読んでみると「なるほど」と感心させられるもの、そして、いままで誰も指摘したことがなかったような驚くべき発見もあります。これらの研究がその後の心理学上の重要な発見につながっていくことも時にあります。もちろん、あまりにもくだらないものや、追試をしてみるとことごとく失敗するようなものもあるのですが……。

この種の素朴なオモシロ論文は、プロの心理学者からすると正直、あまり高く評価されない場合が多く、まず、教科書にも載りません、もちろんテストにも出ないでしょう。でも、読んでいてとても楽しいですし、「そんなばかな、自分が研究してこれが間違いだということを証明してやろう」と動機づけられるようなものもあります。

私もどちらかというと重箱の隅をつつくような研究をしてきたのですが、じつはそういう研究よりも、素朴で大胆で、時にばかげている研究を愛してきました。そして、密かにオモシロ論文を読み進めてきました。本書では、そのような私の研究記録の一端をコメントをつけてみなさんに紹介してみたいと思っています。

ちなみに現在、公刊される論文の多くは無料で読むことができるようになってきています。本書でも、できるだけ無料で読むことができる論文を取り上げました（しかし、残念ながらほとんどが英語で書かれています）。また、基本的に2000年代以降の研究をおもに取り上げました。これも一つの理由は、論文が入手しやすいからです（とはいえ、昔の論文の中にもオモシロ論文はたくさんあります）。この本で取り上げた研究は、あくまで、原論文の一部をまとめたものにすぎませんので、もっと知りたいという方は、ぜひ、原典に当たっていただければと思います。そして、心理学や関連領域を専門とする学生さんには、それをもとに、ぜひ研究を発展させていっていただけたらと思います。

越智　啓太

目次

その二

その三

その四

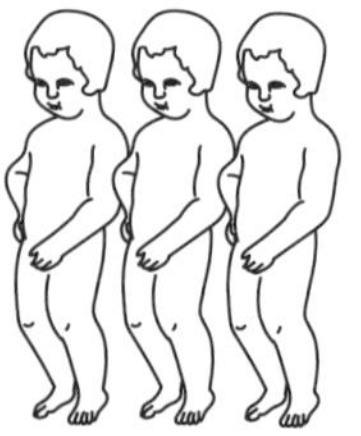

その五

その六

その七　名前にまつわるエトセトラ　195

その十

その一

「♡」を読み解く

一人より みんなと一緒のほうが 魅力的に見える

もとになった論文

Walker, D., & Vul, E. (2014). Hierarchical encoding makes individuals in a group seem more attractive. *Psychological Science*, 25, 230-235.

人は一人でいるときよりも、たくさんの人の中にいるときのほうが魅力的に見えることを示したのがこの研究である。一人きりでいる女性よりもチアリーダーグループの一員であるほうがきれいに見えるという例えで、この現象は、チアリーダー効果といわれている。

実験参加者に、ある人物の顔の魅力度について「魅力的である」から「魅力的でない」までを連続的な直線上でマウスを使って評価させる実験を行なった。同じ人物は、2度呈示され、1回は単独で、もう1回は3人の同性の人物の中の一人として呈示された（3人の顔が並んで呈示され、評価対象人物は矢印で示される）。呈示順序はランダムで、第1実験では女性、第2実験では男性が評価対象となった。実験参加者ごとに、各写真について集団の中の一人として魅力を評価した場合の魅力度から単独で魅力を評価した場合の魅力度を引いたものの平均はプラスの値（5％水準で有意）になった（第1、第2実験）。つまり、チアリーダー効果が観察された。

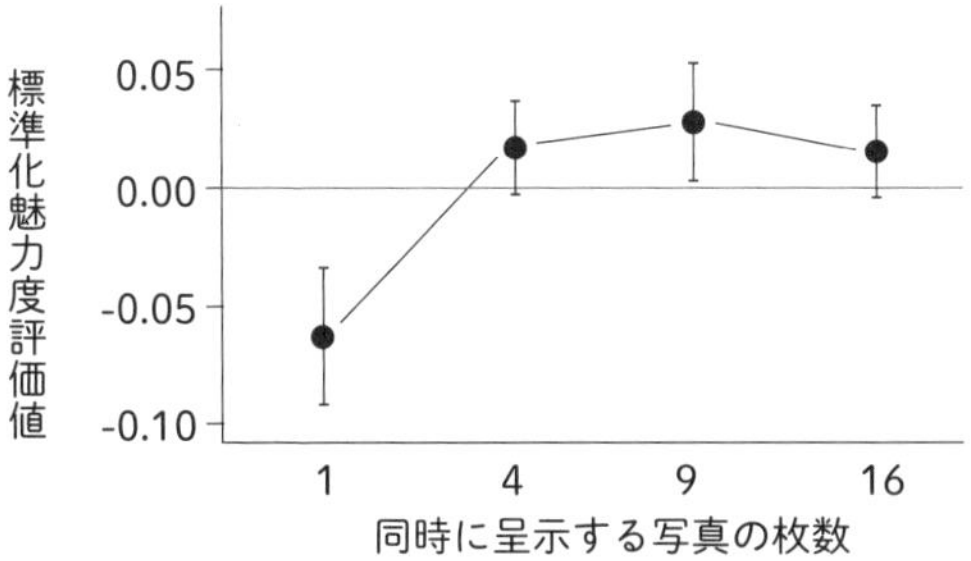

図　呈示される写真の枚数と魅力度の関係

前述の実験では、3人が一緒に写った写真がグループ条件で用いられていたが、次の実験では、それぞれの写真を単独のポートレートにトリミングして、同時に呈示されたたくさんの写真の中の一人としてその魅力度を評価した場合と単独で呈示した場合とを比較した。また、写真の枚数の条件を加え、1枚、4枚、9枚、16枚の人物写真を同時呈示する条件でこの効果を検証した。ちなみに集団の顔は2×2、3×3、4×4のいずれかのマトリクスで呈示された。マトリクスが2秒間呈示されたあと、魅力を評価するターゲットの周囲を囲むボックスが呈示され、実験参加者はその人物の魅力度を評価した。単独で呈示される場合には、画面の中央にその人物のみが2秒間呈示された。

集団呈示と単独呈示の魅力度の差を標準化して合計したものを上図に示す。分析の結果、単独条件と集団条件では有意に集団条件のほうが魅力的だと評価された。ただし、集団の人数についてはそれぞれの条件で差は見られなかった。

著者のウォーカーとヴル（Walker & Vul, 2014）はこの現象が生じるメカニズムとして、次のようなものをあげている。（1）複数の顔がグループ呈示されると、その平均が計算される。（2）グループ内の個々の顔の知覚表象はその平均に引きつけられる。（3）そもそも平均顔は一般に魅力度を向上させるので、（4）平均補正された顔はもとの顔よりも魅力度が高くなる。

解説と関連する研究

チアリーダー効果を追試した研究の中には追試に失敗したものもあるが、うまく再現できているものも多く、現象としては、ある程度頑健なものだと思われる（Carragher et al., 2020）。ただし、そのメカニズムについてはいくつかの理論が競合しており結論が出ているとはいえない。

関連する現象として、ファン・オシュら（van Osch et al., 2015）によって、集団魅力効果（GA効果）が見いだされている。これは、グループ全体の魅力度とグループの中にいる個人の魅力度の平均、グループのメンバーが個別に呈示された場合の魅力度の平均を比べると、グループ全体の魅力度が最も高くなる現象である。つまり、アイドルグループが全員そろった場合の魅力度が、個々のメンバーの魅力度を上回るということである。

また、人物の顔を順番に呈示していき、それぞれの顔の魅力を判断させると、直前に呈示された顔が魅力的だった場合、次の顔の魅力度が上昇するという現象が近藤ら（Kondo, Takahashi, & Watanabe, 2012）によって報告されている。これは、たとえば、オンラインの出会い系サイトのプロフィール写真閲覧場面では、自分の前に魅力的な人物のプロフィールが呈示されると自分の魅力もかさ増しされるということを示している。この状態をシミュレートした実験を行なったのが、トーバートら（Taubert, Van der Burg, & Alais, 2016）である。彼らは、実験参加者に300人の顔を連続的に呈示してそれらを「魅力的」か「魅力的でない」かに素早く分類させる課題を行なった。その結果、直前（あるいは2つ前）に呈示された顔が魅力的であった場合、ターゲットの顔も魅力的であると判断されやすくなることがわかった。同様に直前に呈示された顔が魅力的でない場合には魅力的でないと判断されやすくなった。

Carragher, D. J., Thomas, N. A., Gwinn, O. S., & Nicholls, M. E. (2020). The cheerleader effect is robust to experimental manipulations of presentation time. *Journal of Cognitive Psychology*, *32*(5-6), 553-561.

Kondo, A., Takahashi, K., & Watanabe, K. (2012). Sequential effects in face-attractiveness judgment. *Perception*, *41*(1), 43-49.

Taubert, J., Van der Burg, E., & Alais, D. (2016). Love at second sight: Sequential dependence of facial attractiveness in an on-line dating paradigm. *Scientific Reports*, *6*(1), 1-5.

van Osch, Y., Blanken, I., Meijs, M. H., & van Wolferen, J. (2015). A group's physical attractiveness is greater than the average attractiveness of its members: The group attractiveness effect. *Personality and Social Psychology Bulletin*, *41*(4), 559-574.

あなたは自分で思っているより魅力的でない

もとになった論文

Epley, N., & Whitchurch, E. (2008). Mirror, mirror on the wall: Enhancement in self-recognition. *Personality and Social Psychology Bulletin*, 34(9), 1159-1170.

この実験では、人は自分の顔を実際よりも魅力的だと思っているかどうかについて検討された。実験参加者は27人（女性18人）で、別の実験に参加したあとに写真撮影が行なわれた。彼らの顔について、加工が施された。まず、何人もの同性顔写真からつくられた魅力顔（平均顔：それぞれの写真を平均化させて作成した。このような顔は非常に魅力的になることが知られている）と各実験参加者の顔の中間の顔をモーフィングテクニックを使って作成した（図1）。作成された顔は、10%、20〜50%魅力的な顔が含まれたものであった。次に同様の方法を使って魅力的でない顔を作成した。基準に用

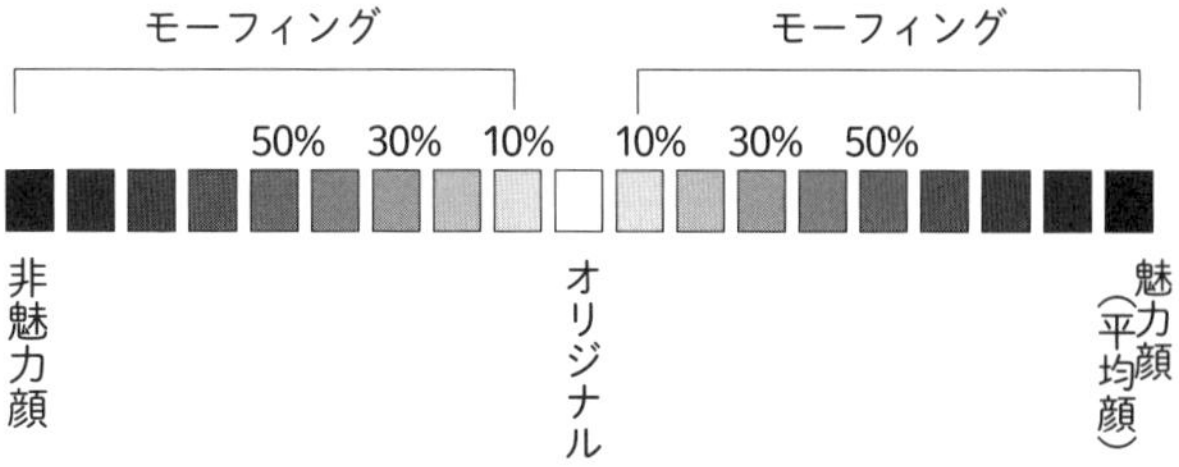

図1　刺激画像の作成方法

いたのはcraniofacial syndrome（顔面の形成不全が生じる先天疾患）の患者の顔であり、同様に10％、20～50％基準顔の要素を入れた顔をモーフィングテクニックによって作成した。このようにして作成されたモーフィング写真とオリジナルの写真を用いて実験が行なわれた。

　実験参加者は2～4週間後に実験室に再び呼び出され、前回撮影した写真をさまざまに加工したものを含んだ11種類の写真を呈示された。参加者の課題はその中から、オリジナルの自分の写真を選択することであった。また、選択後、これらの写真をランダムな順序で呈示し、参加者にそれぞれの写真がオリジナルなものであるかどうかを0～100％の値で評価させた。それが終了したあとに、やはりすべての写真についてどのくらいその写真が好きかを評価させた。

　実験の結果、実験参加者はオリジナルの顔よりもより魅力的な方向にモーフィングされた顔を選択する傾向があった。これは、オリジナルの顔を選択する課題においても、それぞれの写真を0～100％までで評価させた場合にも同様に見られた(図2参照)。

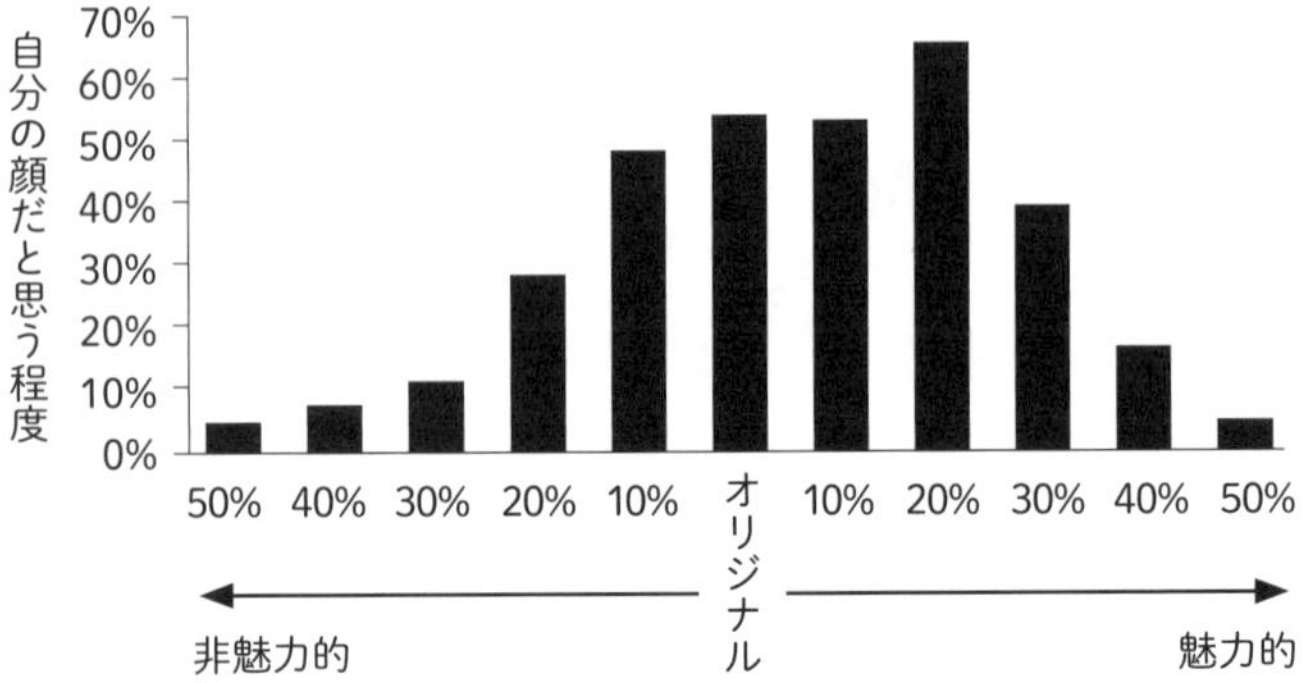

図2　モーフィングされた顔についてのオリジナル顔らしさの評価値

また、実験参加者は、オリジナルの顔に比べて魅力的な顔にモーフィングされた顔のほうをより好きだと回答した（30～40％モーフィングされた顔が最も好まれた）。

また、この実験では参加者は自尊心の測定を行なっていた。自尊心はインプリシット（潜在的・無意識的）な自尊心とエクスプリシット（意識的）な自尊心の両方が測定された。インプリシットな自尊心は自己関連刺激をプライム［注：自分に関連した単語（性格や属性など）を課題に先立って呈示しておく実験手続き］した場合、ポジティブ語の認知が促進されるかということを速度やネームテストなどの3種類のテストで測定し、それらのスコアを合体させたものを用いた。エクスプリシットな速度はローゼンバーグ（Rosenberg, M.）の自尊心尺度が用いられた。これらの自尊心尺度と魅力的な顔を選ぶ傾向の相関を求めたところ、インプリシット自尊心の複合尺度とは、有意に相関したが（$r(25)=.47, p=.01$）、エクスプリシット自尊心尺度とは有意な相関はなかった（$r(25)=-.26, p=.19$）。つまり、インプリシットな自尊心の高さが自分の顔をより魅力的に見てしまう傾向と関連していた。

この第2実験では、同様の実験を身近な友人と見ず知らずの人の顔を使った実験で行なった。その結果、友人の顔は自分の顔と同様に魅力的な方向にバイアスがかかった認知がなされたが、見ず知らずの人の顔についてはこのようなバイアスは観測されなかった。

解説と関連する研究

バレルズら（Barelds et al., 2011）は、現在、恋愛をしている男女を対象にして自分の顔の魅力度を評価させたところ、7段階評価で男性は4・99、女性は4・32であったが、第三者による客観評価では男性3・13、女性3・51にすぎず、過大評価していることがわかった。過大評価は自分だけでなく、交際相手の魅力度に関しても生じていた（恋は盲目効果）。ウェンと川畑（Wen & Kawabata, 2014）は、実験参加者の顔の目や口の大きさをさまざまに変化させた写真を本人に見せて、一番オリジナルに近い写真を選ばせるという実験を行なったところ、オリジナルよりも目がより大きく口はより小さい刺激が選ばれやすいことがわかった。目を大きく口を小さくすると一般的に魅力度は向上する。

自分の顔の魅力度認知については、これらの研究も含め、残念ながらやはり自分の認識は少し甘すぎるようである。どうりで自分は「いつも写真写りが悪い」わけである。
また、ベゲら（Bègue et al., 2013）は、酒場で酒を飲んでいる人は自分のことをより魅力的だと思っており、その程度は血中アルコール濃度と $r = .56$ の相関があることを示した。これは、自分の魅力の過大評価は、酔うとより顕著になることを示している。

Barelds, D. P., Dijkstra, P., Koudenburg, N., & Swami, V. (2011). An assessment of positive illusions of the physical attractiveness of romantic partners. *Journal of Social and Personal Relationships*, *28*(5), 706-719.
Bègue, L., Bushman, B. J., Zerhouni, O., Subra, B., & Ourabah, M. (2013). 'Beauty is in the eye of the beer holder': People who think they are drunk also think they are attractive. *British Journal of Psychology*, *104*(2), 225-234.
Wen, W., & Kawabata, H. (2014). Why am I not photogenic? Differences in face memory for the self and others. *i-Perception*, *5*(3), 176-187.

美人とハンサムは鏡をよく見る

もとになった論文

McDonald, P. J., & Eilenfield, V. C. (1980). Physical attractiveness and the approach/avoidance of self-awareness. ***Personality and Social Psychology Bulletin*****, 6(3), 391-395.**

この研究では、美人やハンサムなど外見的魅力が高い人はよく鏡を見るかが調査された。実験に使われたのは、大学内のある通路である。この通路には、25フィート（7・62メートル）にわたって鏡のように反射する壁面があった。ここを通過する大学生男性36人、女性36人が実験対象となった（彼らは単なる通行人でとくにこの実験のためにリクルートされたわけではない）。観察されたのは彼らがこの通路を通るときに自分の顔をどのくらいの時間見るかということであった。自分の顔を見るためには90度顔を横に向ける必要があったので、彼らが自分を見ているかどうかは、容易に識別可能であっ

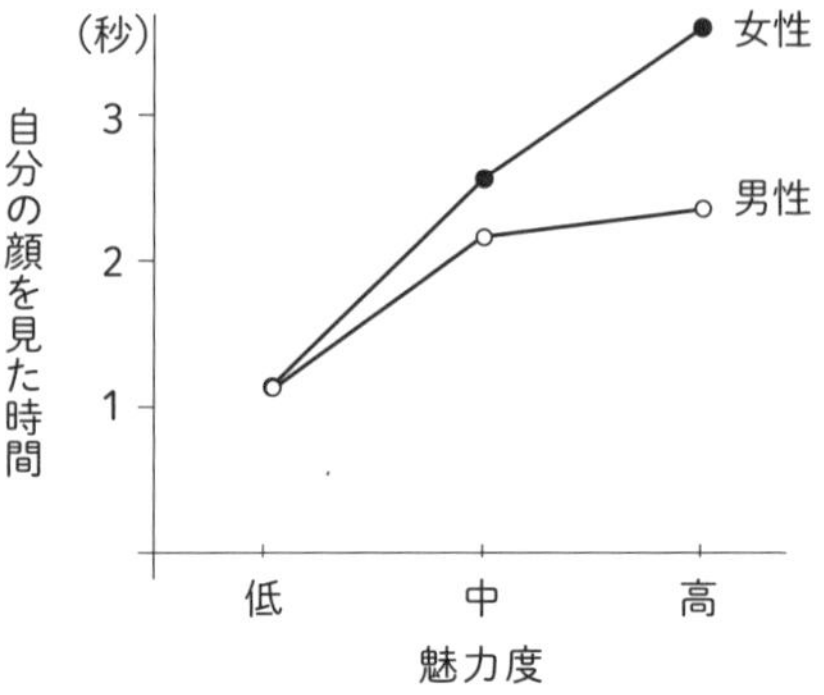

図　通行人の魅力度と鏡を見た時間の関係

た。実験目的を知らない実験助手が、通過する彼らを観察し、彼らが自分を見た時間について測定し記録した。彼らが通過したあと、別の位置にいる男性と女性の評価者が彼らに見えないような位置から彼らの外見的な魅力を「低、中、高」の3段階で評価した。

結果を上図に示した。予想どおり、男女とも顔の魅力度が高いほど鏡になっている壁面を見ることがわかった（$F(2,66)=4.50; p<.05$）。また、傾向分析の結果、顔の魅力と鏡を見る時間には線形的な関係があり、魅力度が高いほど鏡を見る時間が長いことがわかった（$F(1,66)=8.57; p<.01$）。

解説と関連する研究

美人やハンサムだから鏡を見るのか、鏡を見るから自分に注意が向き、よりメイクやファッションに気を遣い魅力的になるのかについての因果関係はもちろん本研究からはわからない。

本研究は自己覚知理論の流れの中で行なわれた研究であるが、これによれば、美人やハンサムは鏡を見ることによって、主観的な自己認識≦外側から見た自己認識を感じ取ることができ、快感情や自尊心の回復が起こるのに対し、一方であまり魅力的でない場合（あるいは、メイクに失敗した日やすっぴん状態、やつれているとき）などは主観的な自己認識＞外側から見た自己認識となり、不快感情や自尊心の低下が生じるので、鏡を見ることを避けると考えられている。

類似した研究としては、ピフ（Piff, 2014）が、金持ちは鏡を見がちであることを明らかにしている。この研究では、実験室に呼び出された実験参加者は自分の経済的状況についての問題を含むいくつかの質問に答えたあと、階段下に大きな鏡のあるホールでしばらく待つように言われた。すると、金持ちであるほど、階段下にいって鏡を見ることがわかった。ピフはこの現象を、金持ちは一般にナルシシズム傾向が強いということによって説明している。

Piff, P. K. (2014). Wealth and the inflated self: Class, entitlement, and narcissism. *Personality and Social Psychology Bulletin*, *40*(1), 34-43.

魅力的な声の人はセクシーな体つきをしていて、かつかなりモテる

もとになった論文

Hughes, S. M., Dispenza, F., & Gallup Jr., G. G. (2004). Ratings of voice attractiveness predict sexual behavior and body configuration. *Evolution and Human Behavior*, 25(5), 295-304.

世の中には、「魅力的な声の人」が存在していて、われわれは時に「声に恋する」。では、魅力的な声の人は本当に魅力的なのか、あるいは魅力的な声の人は本当にモテるのか、それを検討したのがこの論文である。

まず、声のサンプルを収集した。対象は、大学生１７６人（女子76人、男子70人）で、年齢は18〜50歳、平均年齢は20・9歳であった。彼らに1から10までをカウントさせた声を録音した。次にこの声を評価者（合計12人）に聞かせて、その声の魅力度を「まったく魅力的でない（1）」から「非常に

表　声の魅力度評価値（異性からの）と各指標の相関

	男性	女性
WHR	.150	−.376**
SHR	.503**	−.107
BMI	.024	.000
ファーストセックスの年齢	−.410*	−.397*
セックスパートナーの数	.359*	.491**
浮気相手の数	.400**	.374*
浮気の回数	.317*	.353*

*p<.05　**p<.01

魅力的である（5）」までの5段階で評価してもらった。評価者は男性女性同数で、評価者間の評価一致度は、高かった。

ところで、声のサンプル提供者には、身体測定と質問紙調査も行なわれていた。身体測定で調べられたのは、WHR、SHRとBMIであった。WHRはウエストとヒップの比率で、SHRは肩幅とヒップの比率である。これらの数字はそれぞれの人物の体つきのセクシーさ（魅力）認知と関連していることがすでに判明している。一般に女性の場合WHRの値が小さいほど（0・7付近が最も魅力が大きくなる）、男性の場合SHRの値が大きいほど魅力度は大きいと判断される。質問紙調査では、サンプル提供者の性的な経験についての質問が行なわれた。質問されたのは、「ファーストセックスの年齢」や「性的な関係をもっている人の数」、それに「性的な浮気相手の数」と「浮気回数」であった。

声の魅力度を異性評価者による魅力度評価値と同性評価者による魅力度評価値に分け、身体測定の結果、そして質問紙調査の結果の相関を分析したところ、次のような結果が得られた。

男性の場合、異性の評価者が魅力的な声だと判断した人物は、SHRが大きく（実際にセクシーな体つきをしている）、ファーストセックスの年齢が低く、性的パートナーも多く、浮気相手も浮気回数も多かった。女性の場合には、異性の評価者が魅力的だとした人物は、WHRが小さく、ファーストセックスの年齢が低く、性的パートナー、浮気相手の数、回数が多かった。同性の評価は男性の場合SHR、女性の場合性的パートナーの数と相関していたが、異性の評価者ほどの予測力はもたなかった。異性から魅力的な声だと認知される人は実際セクシーな肉体をもち、性的にもモテるということが実証されたのである。

解説と関連する研究

対人魅力研究では、顔や身体の魅力が研究されることが多いが、声の魅力もかなり重要であることが指摘されている。一般に男性は女性の高い声を好み、女性は男性の低い声を好む（Xu et al., 2013）。そこで、モテるためには男性は低い声を、女性は高い声を出せばよいということになるが、このような声色の細工はあまりうまくいかないらしい。しかし、逆に男性がわざと声を高くしたり、女性がわざと声を低くすると声の魅力は大きく低下することは確認されている（Fraccaro et al.,

2013)。

ピピトンとギャラップ・ジュニア（Pipitone & Gallup Jr., 2008）は、女性の声の魅力に関しては、月経周期と関係しており、妊娠しやすい期間の声が最も魅力的になることを示している。経口ピルを服用して月経がない場合は、このような周期は存在しなかった。これはホルモンがなんらかのかたちで喉頭部に影響を与えていることを意味する。

Fraccaro, P. J., O'Connor, J. J., Re, D. E., Jones, B. C., DeBruine, L. M., & Feinberg, D. R. (2013). Faking it: Deliberately altered voice pitch and vocal attractiveness. *Animal Behaviour*, *85*(1), 127-136.

Pipitone, R. N., & Gallup Jr., G. G. (2008). Women's voice attractiveness varies across the menstrual cycle. *Evolution and Human Behavior*, *29*(4), 268-274.

Xu, Y., Lee, A., Wu, W. L., Liu, X., & Birkholz, P. (2013). Human vocal attractiveness as signaled by body size projection. *PLoS ONE*, *8*(4), e62397.

ロマンティック レッド効果

1　赤は女性の魅力を増強する

もとになった論文

Elliot, A. J., & Niesta, D. (2008). Romantic red: Red enhances men's attraction to women. ***Journal of Personality and Social Psychology*****, 95(5), 1150.**

この実験は「ロマンティックレッド」効果という現象を明らかにし、その後、多くの追試研究、発展研究をもたらした重要な論文である。この論文が明らかにしたのは、女性の人物写真の魅力を評価するとき、その写真が赤い色を背景としている場合は、白い色を背景にしている場合よりも魅力的と判断されるということである。

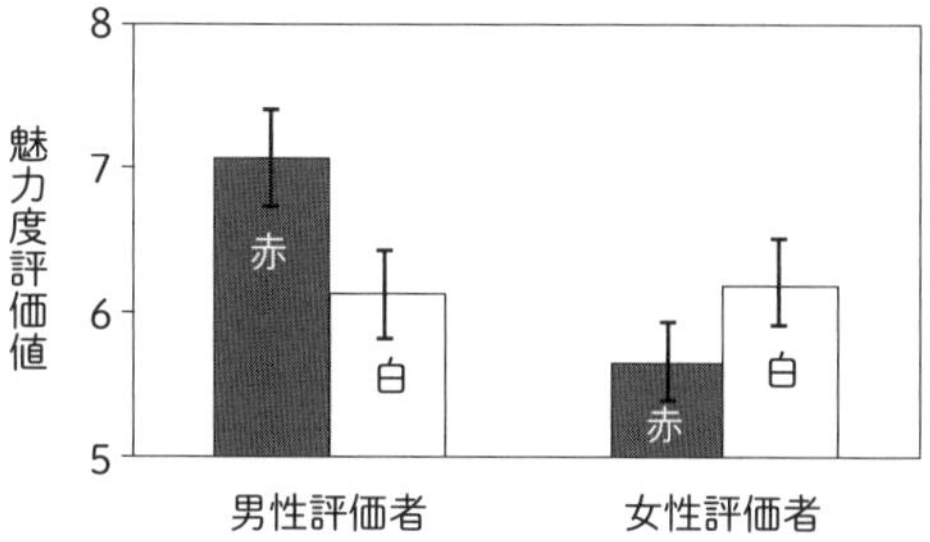

図１　男性・女性評価者によるターゲット女性の魅力度評価値（第２実験）

実験参加者は、27人の赤緑色盲のない男子大学生である。実験室に入ると１枚のファイルが机の上に置いてあり、彼らはファイルを裏返してそこに写っている女性を５秒間見る。赤条件の写真は赤を背景にしており、白条件では白を背景としている。その後、再びファイルを裏返して、その人物の魅力などについての質問紙に回答する。対象人物は予備調査で９段階評価で、平均６・73の魅力度があると評価されており、写真の大きさは４×６インチ（約７・５×約10センチ）であった。実験の結果、赤条件は白条件に比べて、有意に魅力的だと評価された（$t(25) = 2.88, p < .01$）。

第１実験では、男性→女性の評価が行なわれたわけであるが、第２実験ではそれに加えて、女性→女性の評価も行なわれた。実験に参加したのは、63人の男女大学生である。やはり予備調査を行ない９段階評価で５・56評価の女性について同様に魅力度などを赤と白の背景で評価させた。その結果、色と性別の交互作用が見いだされた（$F(1, 59) = 5.20, p < .05$）。評価者が男性の場合、背景が赤色だと対象人物の魅力は上昇したが、女性だと背景の色によって魅力度は上昇しなかった。

この魅力度について第3実験以降で検討したところ、魅力度は性的な魅力や性的に接触したいという動機づけと密接に関係していることがわかった。動物では赤色は発情のシグナルであることが多いので、おそらく、ロマンティックレッド効果は性的な動機づけと関連している現象なのだろう。

2 最初のデートでは赤い服を着やすい

もとになった論文

Kramer, R. S., & Mulgrew, J. (2018). Displaying red and black on a first date: A field study using the "first dates" television series. *Evolutionary Psychology, 16*(2), 1474704918769417.

赤色が女性の魅力を向上させるならば、女性ははじめてのデートのときに他の色に比べて、赤色の服を着る傾向があるのではないかという仮説を検討したのがこの研究である。

分析対象になったのは、イギリスのリアリティショー「ファーストデート」である。この番組では、初対面の男女のはじめてのデートを何台かの隠しカメラで撮影する。登場するのは、異性との出会いを真剣に求めている男女である。収録は、デート前の単独インタビューとファーストデートからなる。第1シーズンから第8シーズンまで放映されているが、このうち最初の2シーズンは、ファーストデートの前に会う相手の写真が呈示されていて、それに合わせて着ていく服を選択できたので分析対象か

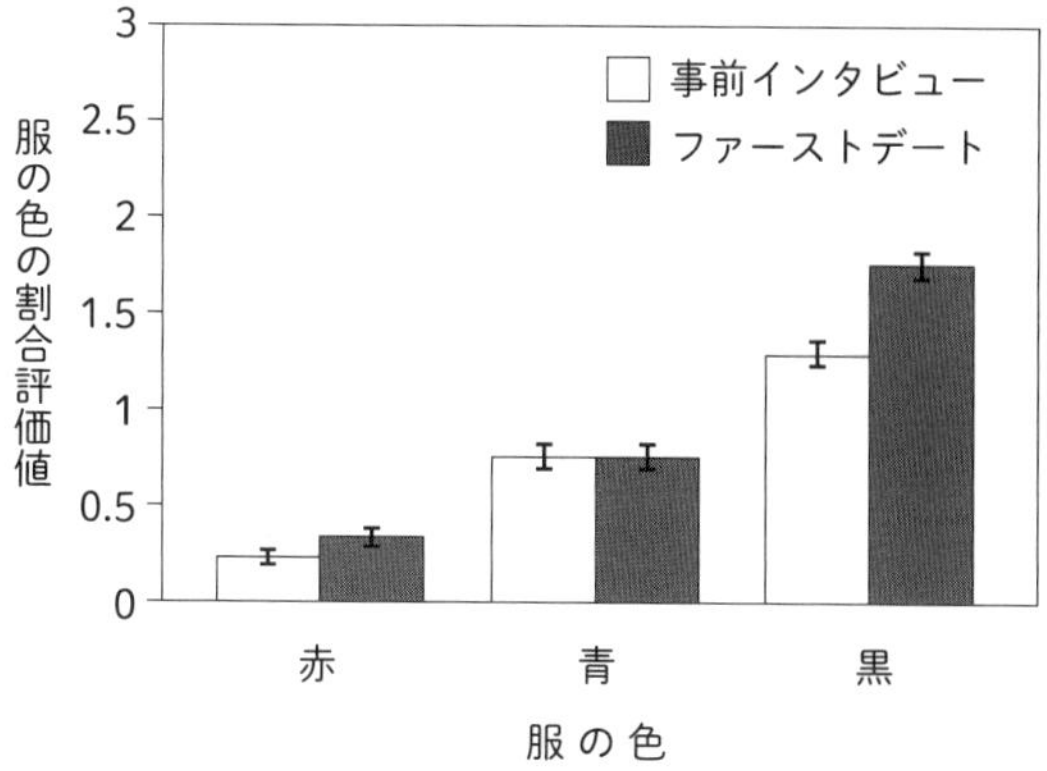

図2　事前インタビュー時とファーストデート時の服の色

ら外した。分析対象となった第3シーズン以降では、ファーストデートのときにはじめて自分の相手を見ることになる。最終的に546人の出演者が分析対象となった。

評価者は、事前インタビューとファーストデートの際の参加者の服の色とその度合いについて評価を行なった。赤、青、黒について参加者の服がそれぞれの色を含んでいる度合いについて、0＝なし、1＝少量、2＝中量、3＝大量／過半数、4＝すべて、の4段階で評価した。評価は合計4人の評価者によって行なわれたが、評価者間の一致度は非常に高かった。

分析の結果、性差の要因は全体の結果にあまり影響していなかった。一般に服の色は黒が最も好まれ、青、赤の順であったが、事前インタビューのときと比較して、ファーストデートのときは赤色と黒色を含んだ服をより着やすくなる傾向が見られた。青についてはそのような傾向は見られなかった。

3 女性器の赤色は男性を誘うシグナルではない

もとになった論文

Johns, S. E., Hargrave, L. A., & Newton-Fisher, N. E. (2012). Red is not a proxy signal for female genitalia in humans. PLoS ONE, 7(4), e34669.

ロマンティックレッド効果の有力な説明の一つは、女性の生殖器の赤色は、排卵と性的感受性（発情期）を表出しているので、背景の赤色が生殖器の色の代理信号として機能し、結果として男性のみで女性の魅力が向上するのだというものである。

もし、このような説が正しいならば、より直接的に男性に女性器を見せた場合、それがより赤いほうが男性は、その女性器を魅力的に感じるということが考えられる。これを実際に実験的に確認しようとしたのがこの研究である。

本研究では、まず、女性の生殖器の写真（ポルノでなく、正面からはっきりと撮影されているもの……このような写真を入手するのはきわめて困難であったが女性向けのパブリックな性教育サイトから入手できた）を4種類収集し、それに対して赤からピンクまで4段階になるように色の調整を行なった。このようにして用意された女性の生殖器の写真16枚を14人の男性参加者にランダムに呈示して、その魅力度について「魅力的でない（0）」から「魅力的（100）」までを評価してもらった。

実験の結果、色の主効果は有意となり（$F(3,36) = 8.25$, $p < .001$）、ボンフェローニ（Bonferroni）の多

重比較の結果、最も赤い色の生殖器は最も魅力的ではないと判断されうることがわかった。それ以外の3つの色については有意な差は存在しなかった。

赤は性的な成熟を示すという広く行きわたった考えがあり、それがロマンティックレッド効果を支える理論として提案されているが、少なくともこれが生殖器の色の代理シグナルであるという考えは再考する必要があるだろう。

解説と関連する研究

ロマンティックレッド効果は非常に興味深い現象であること、容易に追試可能であることから、多くの研究がさまざまな方法論、材料、状況で行なわれた。その中には現象を再現したものもあるが、再現に失敗したものも少なくない。このような場合、行なわれた研究を系統的にすべて集めてまとめて分析するメタ分析手法によって研究を統合することが行なわれる。ロマンティックレッド効果のメタ分析研究としては、レーマンら（Lehmann, Elliot, & Calin-Jageman, 2018）のものがある。

この研究の結果、男性が女性を評価する場合、効果量は小さいものの（d = .26 [.12, .40]［注：［ ］は95％信頼区間］）、統計的に有意なロマンティックレッド効果が見いだされた。一方、女性が男性を評価する場合、統計的にはかろうじて有意になったものの、効果はさらに小さかった（d = .13 [.01,

.25])。赤がなんらかの性的なシグナルになっているという理論は男性が女性を評価する場合には当てはまるが、逆の場合にはそのままでは使えないので、そのメカニズムについては、さらに研究していくことが必要かもしれない。「赤」という色は人間にとって他の色に比べ特別な意味をもっていると考えられ（血の色だからという説もある）、その効果については、この後にあげる研究も含め、さまざまな研究で取り上げられている。

Lehmann, G. K., Elliot, A. J., & Calin-Jageman, R. J. (2018). Meta-analysis of the effect of red on perceived attractiveness. *Evolutionary Psychology*, *16*(4), 1474704918802412.

赤いユニフォームの選手は勝ちやすい

もとになった論文

Hill, R. A., & Barton, R. A. (2005). Red enhances human performance in contests. *Nature*, 435(7040), 293-293.

色が心理状態にさまざまな効果を及ぼすということは古くから経験的にもわかっていたが、実験的な文脈で取り上げられるのは、ロマンティックレッド効果でも見られるように「赤」が多い。ロマンティックレッド効果の文脈では「赤」は発情のシグナルとして検討されていたが、そのほかにも、皮膚が赤くなるということは血流量の増加を示しており、これは活動性と関係しているために、赤は強さや体力的な優越性のシグナルとなっている可能性がある。実際、男性のテストステロンレベルと皮膚の赤さは関係していることが明らかになっている（逆に皮膚の白さは、弱さや劣後性を示すシグナ

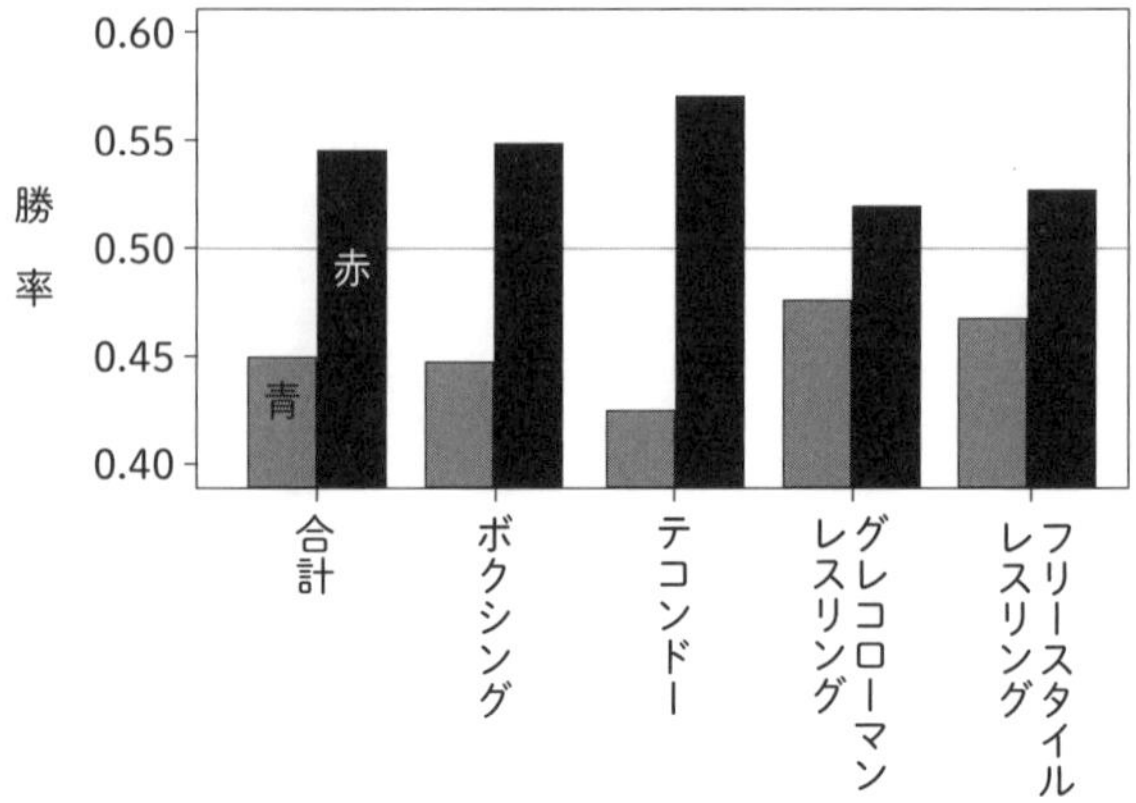

図1　着用したユニフォームごとの競技別勝率

ルである可能性がある）、とすると、スポーツなどにおいて赤いユニフォームを着ることは、このような生物学的な優位性を示すシグナルを誇示できるという点から、他の色のユニフォームを着るよりも有利になるのではないだろうか。

これを検討するために2004年のオリンピックのデータが分析された。この年のオリンピックでは、ボクシング、テコンドー、グレコローマンレスリング、フリースタイルレスリングの4つの格闘技の出場者に、赤または青のユニフォーム（またはボディプロテクター）がランダムに割り当てられたからである。もし、ユニフォームが赤色であることが有利に働くのであれば、赤色のユニフォームの選手は青のユニフォームの選手よりもより勝ちやすくなることが予測される。

実際に分析してみると、4つの競技すべてについて、赤のユニフォームを着た競技者がより多く勝つという一貫した有意な傾向があることが明らかになった

$(\chi^2 = 4.19, p = .041)$。

次に選手の実力差ごとにデータを分析してみた。具体的には、実力差がほとんどない場合から実力差が大きい場合まで対戦を4種類に分け、ユニフォームの色と勝敗の関係について分析した。その結果、赤いユニフォームの優位性効果は、選手の実力が伯仲している場合に顕著に表われ、実力差が大きくなるほど小さくなった。

ユニフォームの色といった従来、スポーツの文脈ではあまり考慮されていなかった要因がその勝敗を左右している可能性があるのだ。

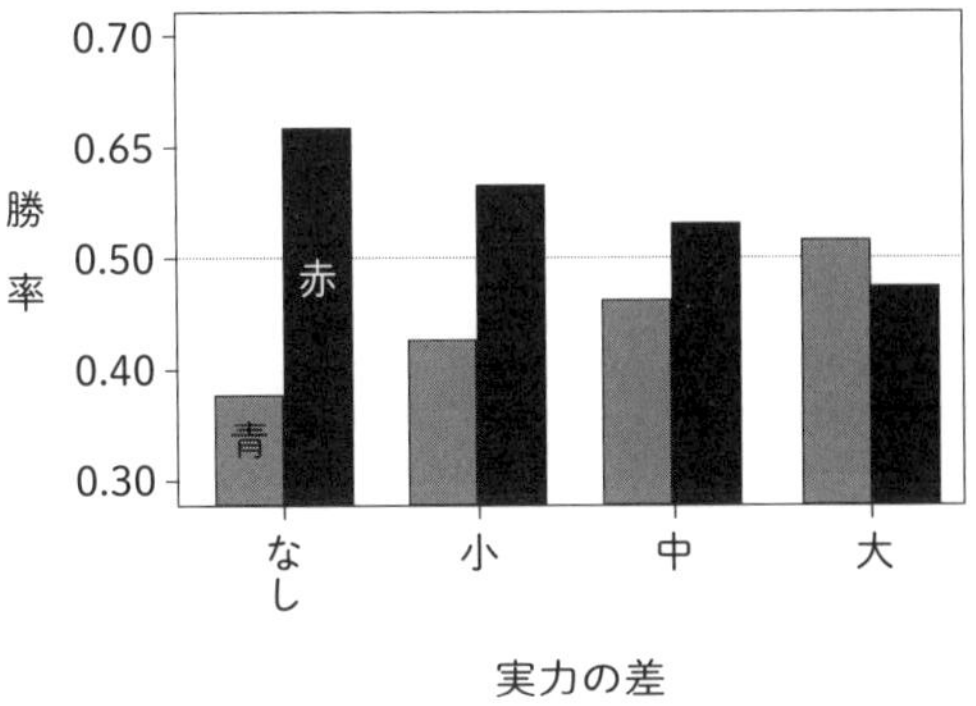

図2　実力の差ごとにみたユニフォームの色による勝率の違い

解説と関連する研究

スポーツにおいて赤いユニフォームのチームが勝ちやすいという結果は実験研究やアーカイブ研究

も含め、かなり多くの研究で示されている。たとえば、アトリルら（Attrill et al., 2008）は、サッカーリーグを対象にした研究で、赤いユニフォームのチームは黄色や白のユニフォームのチームよりも勝率が高いことを示している。興味深いことに、ホームとビジターでユニフォームの色が違うチームの場合、赤いユニフォームを着用している場合のみ、この効果が表われた。

一方でこの効果を見いだしていない研究も少なくない。たとえば、ゴールドシュミットとスピッツナゲル（Goldschmied & Spitznagel, 2020）は、全米大学体育協会（ＮＣＡＡ）の女子バスケットボールリーグでの８シーズン（２０１２〜２０１９年）の試合結果を分析し、ユニフォームの色の効果が検出されなかったことを報告している。彼らは、赤いユニフォーム効果は、身体接触があるような激しいスポーツでかつ男性にのみ生じる可能性を示唆しているが、その仮説が正しいかどうかや、そのメカニズムについてはまだ明らかになっているとはいえない。

Attrill, M. J., Gresty, K. A., Hill, R. A., & Barton, R. A. (2008). Red shirt colour is associated with long-term team success in English football. *Journal of Sports Sciences*, 26(6), 577-582.

Goldschmied, N., & Spitznagel, C. (2020). Sweating the connection of uniform colours and success in sport: No evidence for the red win effect in elite women's NCAA basketball. *European Journal of Sport Science*, 2020, 1-7.

絵文字を使うやつはエロい

もとになった論文

Gesselman, A. N., Ta, V. P., & Garcia, J. R. (2019). Worth a thousand interpersonal words: Emoji as affective signals for relationship-oriented digital communication. *PLoS ONE, 14*(8), e0221297.

近年、われわれのコミュニケーションの形態は、よりコンピュータを媒介とするものになってきている。以前はFace to Faceで行なわれてきた恋人探しさえ、現在ではネット上で行なわれている。さて、この種のコミュニケーションの困難な点は、微妙な感情の伝達が困難な点である。そのために、顔文字が出現した。これは「:-)」のような文字の組み合わせで表情を表わし、感情の種類とその強度を伝達するものである。その後、登場したのが絵文字である（ちなみに絵文字は英語でもemojiである）。絵文字はより多彩なバリエーションがあり、より豊富な感情を表現することが可能である。

まず紹介する第1研究は、ＳＮＳにおける絵文字の使用と性行動の関係について検討している。対象は、18〜94歳（平均42・03歳）の５３２７人の独身アメリカ人成人（２９９１人の女性、２３３５人の男性）であった。彼らに絵文字の使用と性行動の頻度について質問した。

その結果、独身の男女の30％は絵文字を用いてＳＮＳでデート相手を探す行動をしており、彼らは、それによって単なるテキストでの会話よりもより感情的な交流が可能になると考えていた。さらにより重要なことは、絵文字の使用頻度と、過去1年間での新しいデート相手との出会いの回数、そして性行動の回数の間には有意な相関があったことである。これは、絵文字の頻繁な使用が他の人とのつながりの形成を促進することを示している。

第2研究では、この現象がより直接的に検討されている。対象は、２７５人の独身アメリカ人成人（１３７人の女性、１３６人の男性、平均年齢は30・86歳）で絵文字が使用できるＳＮＳを使って出会いを求めている人であった。彼らにこれらのサイトにおける絵文字の使用頻度と昨年1年間での新しいデート相手との出会い、それらの相手が2回目以降のデートに進展した割合、性行動の有無などについて調査した。その結果、絵文字をよく使用する対象者は、２回目のデートに進みやすく、キスをした割合が高く、セックスをした割合も高く、現在でもより頻繁に会っていることがわかった。この結果は、絵文字を利用したコミュニケーションがより感情的な交流を可能にし、それが結果的に継続した関係の構築や性行動の増加につながっていることを示している。

解説と関連する研究

対人印象形成においては、心理学の古典的な研究が明らかにしているとおり、［温かい―冷たい］の印象の軸が非常に重要になってくる。ところが、テキストメッセージのみのコミュニケーションでは相手の温かさを感じることが難しく、結果的に相手に対する印象がより論理的で分析的、つまりより冷たく感じやすくなる（Fuller, 1996）。絵文字の使用はこのような効果を和らげる効果をもっているのだと思われる。

また、近年のＳＮＳにおいては、絵文字よりもさらに表現力の大きいスタンプが使用されることも多いが、ワン（Wang, 2016）は、ＬＩＮＥでのコミュニケーションにおいて、スタンプとテキストメッセージを併用することによって、コミュニケーションにおけるポジティブな感情伝達が促進されることを明らかにしている。

Fuller, R. (1996). Human-computer-human interaction: How computers affect interpersonal communication. D. L. Day & D. K. Kovacs(Eds.), *Computers, communication & mental models*, CRC Press, 28-35.

Wang, S. S. (2016). More than words? The effect of line character sticker use on intimacy in the mobile communication environment. *Social Science Computer Review, 34*(4), 456-478.

いい男あるいは美女が今夜一緒に寝ませんかというとどのくらいの人がOKするか

1 オリジナル版研究

もとになった論文

Clark, R. D., & Hatfield, E. (1989). Gender differences in receptivity to sexual offers. *Journal of Psychology & Human Sexuality*, 2(1), 39-55.

この実験は、1978年（第1実験）と1982年（第2実験）に行なわれた。実験社会心理学の授業の受講生の中からボランティアで男女合計9人の学生が参加者となった。彼らは中程度〜やや低い外見的魅力の学生である。彼らは、フロリダ州立大学の構内で、「実際に彼（女）らが一緒に寝たいと思うような」（完全に初対面の）異性を見つけたら、近づいていって、「キャンパスを歩いていたら、

表1　声をかけた人の性別と誘いのタイプと承諾率の関係

(a) 第1研究（1978年）

声をかけた人の性別	誘いのタイプ		
	デート	アパート	寝る
男性	56%	6%	0%
女性	50%	69%	75%

(b) 第2研究（1982年）

声をかけた人の性別	誘いのタイプ		
	デート	アパート	寝る
男性	50%	0%	0%
女性	50%	69%	69%

きみ（あなた）を見つけたんだ、きみ（あなた）はとても魅力的だね（ですね）」と声をかけた。そして、続けて、次のように誘った。（1）「私とデートしてくれませんか」、（2）「私のアパートに来ませんか」、（3）「今夜一緒に寝てくれませんか」。

結果はOKであるか、拒否されたかによって集計された。第1実験と第2実験の結果を表に示す。男性は女性よりも一般に要請を受ける傾向にあったが、それ以上に興味深かったのは、女性は深い関係を要求するに従って拒否率が上がるのに対して、男性はその逆に深い関係性になるほど承諾率が上昇した。

2 現代版研究その1

もとになった論文

Tappé, M., Bensman, L., Hayashi, K., & Hatfield, E. (2013). Gender differences in receptivity to sexual offers: A new research prototype. *Interpersona: An International Journal on Personal Relationships,* 7(2), 323-344.

クラークとハットフィールド（Clark & Hatfield, 1989）の研究は、かなり以前の研究であり、この研究のあとには、HIVの流行や性的な規範の変化、女性の地位の向上などさまざまな社会的な変化が見られた。クラークとハットフィールドは実験で得られた男女差を進化生物学的な理由から説明しているが、もし、それが正しいならば、時代によって実験結果はほとんど変わらないことが予想される。一方でこの傾向が時代や文化によって変わってしまうのであれば、彼らの進化心理学的な説明は誤っているといえる。

そこで、ハットフィールドの研究チームは、もとの研究の20年後の2010年代に同様の研究を行なってみた（Tappé et al., 2013）。この実験に参加したのは、ハワイ大学マノア校の117人（女性90人、男性27人）であった。彼らの中で恋愛対象が同性であると答えた3・4％を除いて分

表2　参加者の性別と誘いのタイプが承諾率に及ぼす効果（最大値＝10）

参加者の性別	誘いのタイプ		
	デート	アパート	寝る
男性	5.15	4.30	3.52
女性	3.33	0.71	0.23

析が行なわれた。このうち、56％は現在交際中であった。彼らは、まず、異性の平均顔（つまり、非常に魅力的な男女）の顔を見せられたあと、「キャンパスで講義に向かう途中、この人物があなたにこのように声をかけてきたことを想像してください、『キャンパスを歩いていたら、きみ（あなた）を見つけたんだ、きみ（あなた）はとても魅力的だね（ですね）』。続けて、この人物が次のように誘ったときあなたはどのように答えますか」。（1）「私とデートしてくれませんか」、（2）「私のアパートに来ませんか」、（3）「今夜一緒に寝てくれませんか」。回答は「絶対いやだ（0）」から「もちろんOK（10）」まで11段階で評価された。その結果は表のようになった。

この結果はクラークとハットフィールド（1989）ほど劇的な結果ではない。たとえば、男性でも誘われる行為がより親密なものになるに従って、拒否する率は上がっている。しかし、男性と女性のパターンには大きな交互作用があり、男性に比べて、女性はより慎重であることについては追証されている。

3　現代版研究その2

もとになった論文

Schützwohl, A., Fuchs, A., McKibbin, W. F., & Shackelford, T. K. (2009). How willing are you to accept sexual requests from slightly unattractive to exceptionally attractive imagined requestors?. *Human Nature*, 20(3), 282-293.

表3　参加者の性別と魅力度が承諾率に及ぼす効果

参加者の性別	声をかける人物の魅力度	誘いのタイプ		
		デート	アパート	寝る
男性	魅力的でない	41.6	37.6	32.7
	ふつう	63.4	57.2	49.4
	魅力的	72.3	65.8	54.2
女性	魅力的でない	14.4	3.4	1.8
	ふつう	29.3	7.9	3.2
	魅力的	46.6	17.3	7.7

この実験では、アメリカ、ドイツ、イタリアの3か国の男性427人と女性443人が実験に参加した。彼らは、キャンパス内で自分のほうに異性が近づいてきて、「デート」「アパート」「一緒に寝る」の誘いを受けた場合、どのように返答するかについて「絶対いやだ（0）」から「もちろんOK（100）」まで、101段階で回答させた。いままでの研究と異なるのは、声をかけてくる人物が、「やや魅力的でない（slightly unattractive）人」「ふつうの魅力度の（moderately attractive）人」「結構魅力的な（exceptionally attractive）人」のどれかであることを想像させた点である。実験の結果は、クラークとハットフィールド（1989）のものよりは、タッぺら（2013）の研究と類似していた。つまり、関係性が深くなるほど拒絶率は上がったが、男性よりも女性でその傾向が顕著であった。しかし、男性が、デートよりも「アパートに行く」や、「一緒に寝る」のほうを容易に受け入れるという結果にはならなかった。また、魅力度については、相手の魅力度が高いほど拒絶率は低くなったが、男性に比べて女

性のほうが魅力度の影響は少なかった。

解説と関連する研究

オリジナルの研究を除けば、実際の「ナンパ」実験でなく、場面想定法で行なわれた研究である。しかし、最も重要な結果である誘い受け入れの性差は一貫して見いだされている。結果の違いは研究方法の違いによってつくり出された可能性もある。そのため、今後より詳細な検討が必要かもしれない。しかし、現在、この研究を実際のナンパを使って実行するのは倫理的に難しいだろう。

倫理的な困難を乗り越え、実際のナンパ状況を用いた最近の研究としては、ラースマンら（Rauthmann, Kappes, & Lanzinger, 2014）が興味深い。この研究では、「闇のベール」説が検討された。これは、マキャベリアニズム、サイコパス、ナルシシズムなどのダークなパーソナリティ（ダークトライアド）をもっている人はダークな状況（夜とか天気が悪いとき）に魅力的になるという説である。この説を検証するために、ダークトライアド傾向を事前に測定された59人の男性が、それぞれ25人の女性をナンパした。声をかけられた女性は合計１３９５人であった。その結果、マキャベリアニズムが高い男性は暗いときにナンパが成功しやすく、「闇のベール」説が成り立つことがわかった。

多くの人は、ナンパなんてしてもあまり成功しないと思っているかもしれないが、ジョエルら（Joel,

Teper, & MacDonald, 2014）は、あまり魅力を感じない人（第1研究）や、好みでない人（第2研究）からデートに誘われた場合でも人はあまり断らないことを明らかにした。われわれはナンパの失敗可能性を高く見積もりすぎているようだ。ナンパでデートまでもち込むのはそれほど難しくないのかもしれない。

Joel, S., Teper, R., & MacDonald, G. (2014). People overestimate their willingness to reject potential romantic partners by overlooking their concern for other people. *Psychological Science*, *25*(12), 2233-2240.

Rauthmann, J. F., Kappes, M., & Lanzinger, J. (2014). Shrouded in the Veil of Darkness: Machiavellians but not narcissists and psychopaths profit from darker weather in courtship. *Personality and Individual Differences*, *67*, 57-63.

キスするとき どっちに頭を傾けるか問題

1　キスするとき人は頭を右に傾ける

もとになった論文

Güntürkün, O. (2003). Adult persistence of head-turning asymmetry. *Nature*, 421(6924), 711.

人はキスをするときに顔を右か左に傾けるものだが、では、この傾ける向きに左右バイアスは存在するのだろうか。この研究では、この問題について検討している。

アメリカ、ドイツ、トルコの公共の場所（国際空港、大きな駅、ビーチ、公園）でキスをしているカップルを観察した。キスは1回だけの唇と唇が触れあうキスをもとに集計されたが、連続して複数回キ

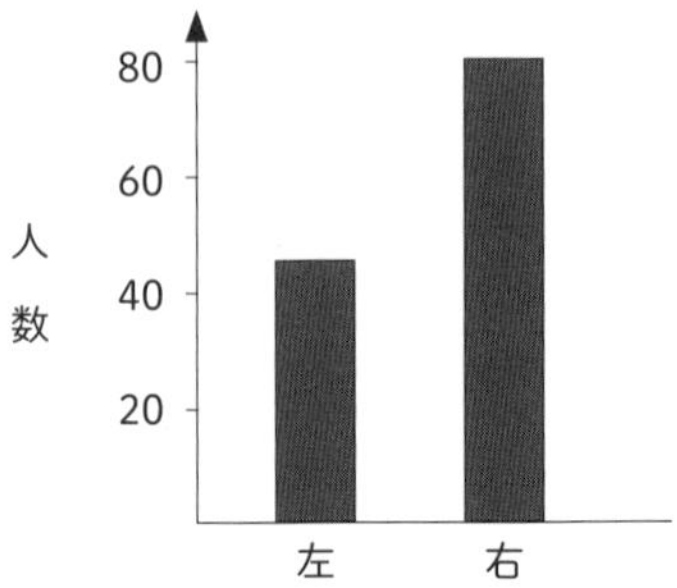

図1　カップルのキスにおける頭の傾き方向

スした場合には、初回のキスのみが集計の対象になった。ただし、荷物を持っているカップルはそれによるバイアスがかかる可能性があるために除外された。被観察者の年齢はおおよそ13~70歳の範囲だった。観察された124回のキスのうち、80回（64・5％）は右に頭を傾け、44回（35・5％）は左に頭を傾けるものだった。この差は有意であった（$\chi^2(1) = 5.34, p < .05$）。

もともと利き足、効き耳、効き目は右が左の2倍多い（利き手はもっと偏っているが、これには文化的な影響が含まれている）ことが知られている。この偏りは生得的なものである。キス時の頭の傾きもこのバイアスを反映していると思われる。注意しなければならないのはそもそもキスは二人でするものなので、この偏りがキスにおける頭の傾きのブッキングを引き起こす可能性があるということである。つまり双方が右、あるいは左に頭を傾ければうまくキスができるが、片方が右、片方が左に頭を傾けるとうまくキスができない。おおよそ44％のキスではこのようなブッキングが発生しており、その場合、ランダムに調整し合って、右または左のキスが成立するのだと思われる。

2 親子のキスは、右に偏らない

もとになった論文

Sedgewick, J. R., & Elias, L. J. (2016). Family matters: Directionality of turning bias while kissing is modulated by context. *Laterality: Asymmetries of Body, Brain and Cognition, 21*(4-6), 662-671.

これはギュントュルキュン（Güntürkün 2003）によるキス時の傾きの右側バイアス仮説に対して、異論を唱えた研究である。彼らは、Pinterest と Instagram のウェブサイトを使用して、親子のキスの合計529枚の画像を収集した。検索キーワードは、「母にキスをする娘」「母にキスをする息子」「父にキスをする娘」「父にキスをする息子」であった。親子のカテゴリーのうち、156は母娘、134は母息子、113は父娘、126は父息子のキスだった。また、比較対象のロマンティックなキスとして、両親間（夫婦）のキスの写真161枚がさらに収集された。

これらの写真について、評価者はキスにおける頭の傾き方向を右、左、真ん中の3つに分類した。

分散分析を使用して、ロマンティックなキスのコンテキストと

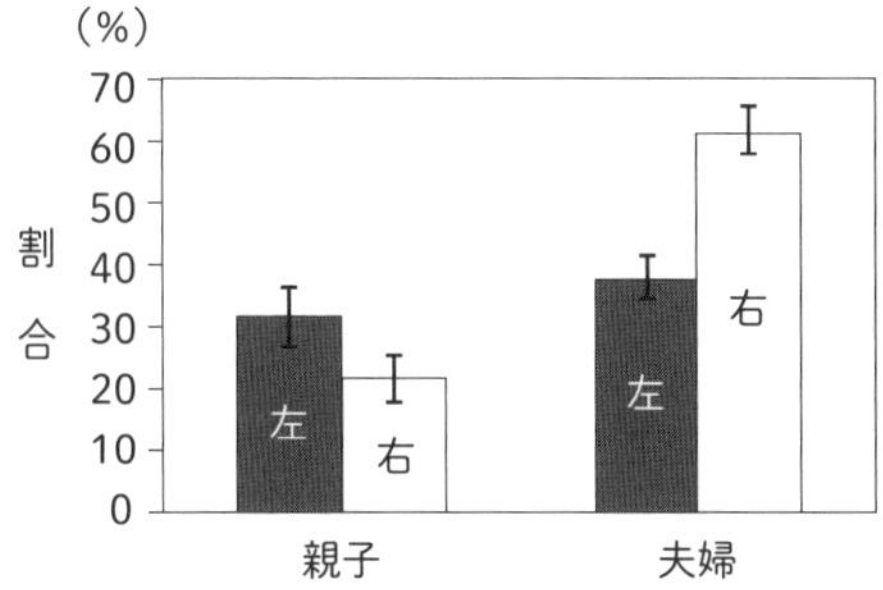

図2　親子と夫婦におけるキス時の頭の傾き方向

夫婦のキスのコンテキストの間でキス時の頭の傾きバイアスが異なるかどうかを比較した。その結果、夫婦の間のロマンティックなキスでは、先行研究どおり、右側バイアスが見いだされたが、親子のキスではその逆の左側バイアスが見いだされた。写真の中でプロが撮影したと思われるもの（この場合、撮影者の指示の効果が混入している可能性がある）と素人撮影のスナップ写真に分けて分析しても同様の結果が見られた。

3 非ロマンティックキスでは左に傾ける人も結構いる

もとになった論文

Sedgewick, J. R., Holtslander, A., & Elias, L. J. (2019). Kissing right? Absence of rightward directional turning bias during first kiss encounters among strangers. *Journal of Nonverbal Behavior*, 43(3), 271-282.

ロマンティックキスのみに右側バイアスが存在し、非ロマンテックキスでは左側バイアスになるのかをさらに検証したのがこの研究である。この研究では、First Kissというオンライン動画が分析された。この動画サイトでは、初対面の二人が（もちろん同意のうえで）キスをする動画がアップされている（つまり、ロマンティックキスではない）。23本の動画の230のキスにおける頭の傾きについて分析が行なわれた。その結果、カップルの51％が頭を右に傾けてキスを示し、49％が左に傾けてキスをしたが、頭を右に傾ける頻度と左に傾ける頻度には有意な差はなかった。つまり、非ロマンティックキスでは、頭の偏りにバイアスが存在しなかった。

4　キス時の頭の偏りバイアスは文章を書く方向性に関連している

もとになった論文

Shaki, S. (2013). What's in a kiss? Spatial experience shapes directional bias during kissing. *Journal of Nonverbal Behavior*, 37(1), 43-50.

ギュントュルキュン（2003）は、キス時の頭の傾きの右側バイアスはそもそも右利きと左利きの比率が2：1であることから生じると考えた。これは、ある程度、生得的な要因である。これに対して、本研究では、後天的な習慣がキス時の頭の傾きに影響を与えている可能性を指摘した。この研究では、従来、この種の研究でよく見られる西欧人の参加者（35人、北米あるいはロシア出身の交換留学生）だけでなく、ヘブライ語を使用しているイスラエル人92人とアラビア語を使用しているパレスチナ人28人が参加者となった。

彼らに実験室に来てもらい、同じ頭の高さにある等身大の頭のマネキンにキスをするように求め、

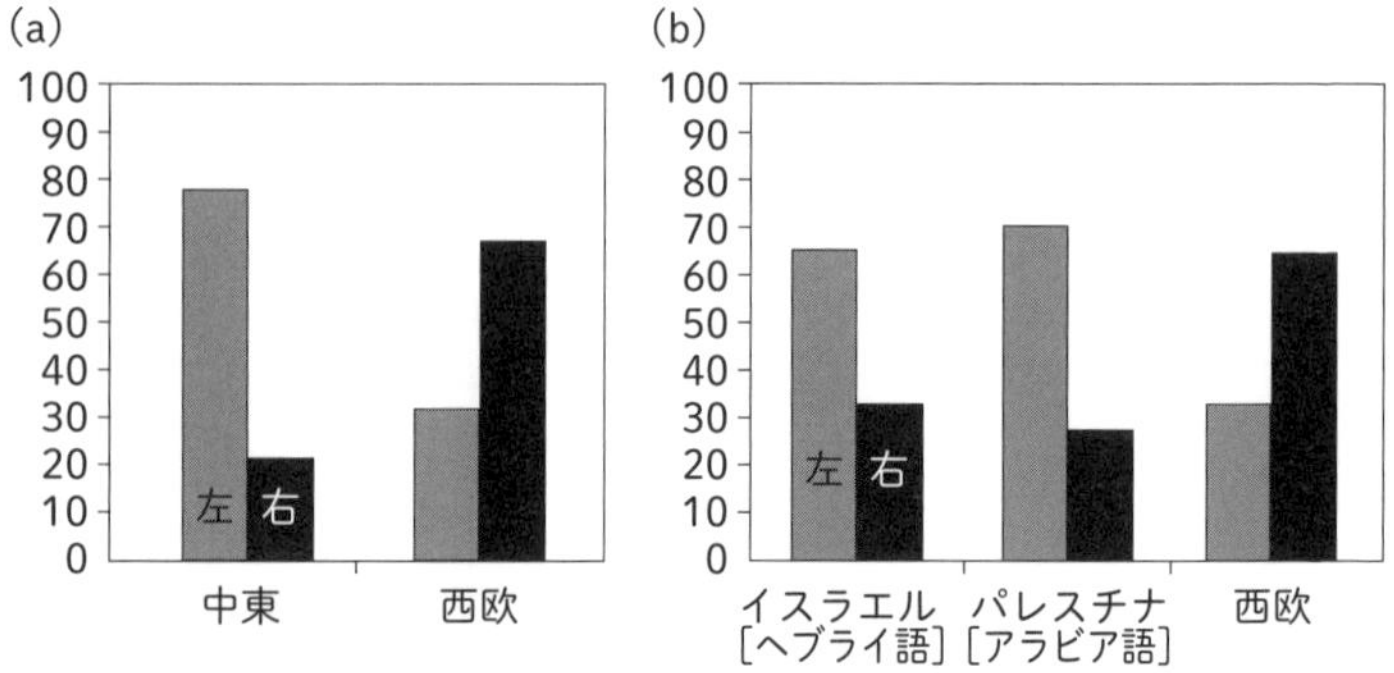

図3　中東、西欧におけるキス時の頭の傾け方向
(a は実験室，b は公共の場所で観察)

そのときの頭の傾きについて調査した。この実験の結果、興味深いことにイスラエル人とパレスチナ人は頭を左に傾けることが多かった。その比率はおおよそ2（左）：1（右）であった。これに対して西欧人参加者は従来の研究どおり右側に頭を傾けた（図3(a)）。

次に、イタリア、ロシア、カナダの公共の場所でキスをしているカップル117組とイスラエルとパレスチナの公共の場所でキスをしているカップル203組を観察し、キス時の頭の傾き方向について記録した。観察場所は高校、バス停、モール、公園、クラブなどであった。キスをしていたカップルの年齢はおおよそ16〜50歳であった。その結果、やはり、西欧においてはキス時に頭を右に傾ける傾向があるのに対して、イスラエルとパレスチナでは左に傾けることが多いことが示された（図3(b)）。

では、この違いはなにが原因なのか。イスラエル人とパレスチナ人の利き手や利き足を調べたところ、西欧人と同様右利きが多く、その比率は西欧人と違わなかった。そのため、いままでの研究が提唱していた利き手、利き足などの非対称性がキスにおける右側バイアスの原因であるという説は否定される。イスラエル人やパレスチナ人と西欧人の間にある大きな違いは言語の記述方法である。彼らが使用しているヘブライ語とアラビア語の最大の特徴は文章が英語などの西欧言語と異なって右から左に書かれることである。この言語記述習慣が、頭の動きの運動パターンを形成しその結果としてキス時の頭の回転方向が決定されている可能性があるのではないか。

解説と関連する研究

われわれの身体的接触における左右非対称性の研究は、キス、ハグ、赤ん坊を抱く行為について行なわれている。ハグの研究では、ターンブルら（Turnbull, Stein, & Lucas, 1995）の国際空港の到着ロビーでハグする人々を観察した研究がある。観察の結果、女性／女性、男性／女性のハグでは有意な右側バイアスが生じた。パッケイザーら（Packheiser et al., 2019）はやはり国際空港でのハグを観察したが、出発便では別れが多いのでネガティブ感情、到着便では再会が多いのでポジティブ感情としてとらえ、それぞれの左右非対称性について調査した。また、感情中立条件としてYouTubeで目隠しハグという初対面の人のハグのシーンの動画が収集され、比較に使われた。その結果、ポジティブ条件でもネガティブ条件でも優位な右側バイアス（約80％）が観察されたが、感情中立条件（約90％）と比較した場合、感情条件（ポジティブ条件＋ネガティブ条件）では左側のハグも増加した。これは運動的な要因と感情的な要因が両方でハグの方向を決定しており、情動喚起が右側バイアスを減少させる可能性を示している。

一方で赤ん坊を抱く行為については、自分の体の左側に乳児を抱くという方向のバイアスが発生することが示されている。たとえば、ジュリアス＝ハリスら（Julius Harris, Spradlin Jr., & Almerigi, 2007）は、インターネットから収集した288人の母親と71人の父親による赤ちゃんを腕に抱いている画像359枚を収集し、乳児の性別、抱いているのが母親か父親か、抱き方ごとに右側で抱いているか、左側で抱いているのかを集計した。その結果、母親の63・0％、父親の67・1％が左側バイアスを示すことがわかった。また、マラテスタら（Malatesta, Marzoli, & Tommasi, 2020）は、18～34歳のイタリア人女性（284人）にさまざまな方向で置かれている乳児の人形を見せ、「この赤ん坊が泣いていると想像してください。そして、腕に抱いて落ち着かせてください」と言って実際に赤ん坊の人形を抱かせて、その方向を記録した。その結果、常に左側に抱いた人52・5％、常に右側に抱いた人29・6％、両方が観察された人18％で、左側バイアスが観察された。この現象については利き手説、心拍説、大脳半球の機能局在説があるが、局在説が最も強力である。また、左側に赤ん坊を抱くと母親からはより感情を表出する左顔が見えるため、これが感情的な交流を促進している可能性がある。

Julius Harris, L., Spradlin Jr., M. P., & Almerigi, J. B. (2007). Mothers' and fathers' lateral biases for holding their newborn infants: A study of images from the World Wide Web. *Laterality*, *12*(1), 64-86.

Malatesta, G., Marzoli, D., & Tommasi, L. (2020). Keep a left profile, baby! The left-cradling bias is associated with a preference for left-facing profiles of human babies. *Symmetry*, *12*(6), 911.

Packheiser, J., Rook, N., Dursun, Z., Mesenhöller, J., Wenglorz, A., Güntürkün, O., & Ocklenburg, S. (2019). Embracing your emotions: Affective state impacts lateralisation of human embraces. *Psychological Research*, *83*(1), 26-36.

Turnbull, O. H., Stein, L., & Lucas, M. D. (1995). Lateral preferences in adult embracing: A test of the "hemispheric asymmetry" theory of infant cradling. *The Journal of Genetic Psychology*, *156*(1), 17-21.

その二

気になるあの人の「なぜ」にせまる

セルフィーを撮るとき人は左顔を見せやすい、世界中どこでも

もとになった論文

Bruno, N., Bertamini, M., & Protti, F. (2015). Selfie and the city: A world-wide, large, and ecologically valid database reveals a two-pronged side bias in naïve self-portraits. *PLoS ONE, 10*(4), e0124999.

右脳は、左脳に対してより感情的な処理を行なっていることがわかっている。それゆえ、顔の右半分（右顔）よりも左半分（左顔）のほうが感情を豊かに表現できる。実験的に研究しても右顔よりも左顔のほうがより好まれることがわかっており、また、人のポートレートを撮影したり、人物画を描くときは、左顔になりやすいこともわかっている。ただし、自画像を描く場合に逆に右顔が描かれやすいが、これは画家が鏡を見ながら絵を描くからだと考えられている（Bruno & Bertamini, 2013）。

このような左顔バイアスがどのくらい一般的なものなのかを検討するために、世界中のいろいろな

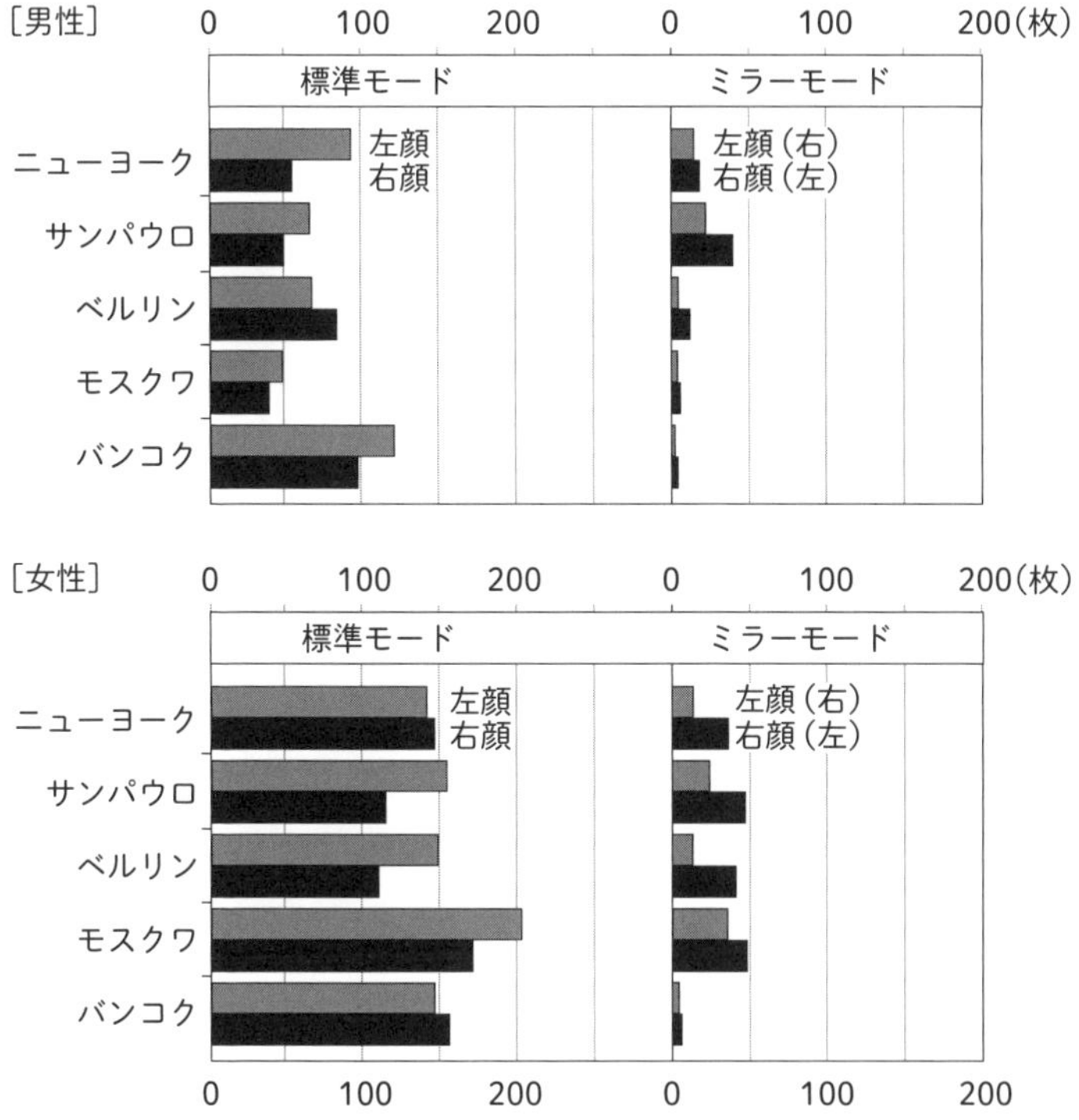

図　撮影地別にみたセルフィー撮影時の左顔バイアス

都市でスマートフォンで撮影されたセルフィー（自撮り写真）を分析した。２０１３年12月4日から12日にかけて、Instagramに投稿されたニューヨーク、サンパウロ、ベルリン、モスクワ、バンコクで撮影されたセルフィー（各都市６４０枚ずつ、合計３２００枚）を分析の対象とした。これらの写真における顔の向きを「明らかに左を向いている」「やや左を向いている」

「正面を向いている」「やや右を向いている」「明らかに左を向いている」の5つのカテゴリーに分け、正面を向いている写真を除いたうえで、左右どちらを向いていることが多いかを集計した。ただし、ここで気をつけなければならないのは、ミラーモードで撮影した場合、右向きの（顔の左側が写る）写真は実際には左側を向いていて顔の右側が写っているということである。そこで、標準モードで撮影されたものとミラーモードで撮影されたものにセルフィーを分けたうえで、集計を行なった。その結果、標準モードのセルフィーは左顔への明確なバイアスを、ミラーモードで撮影されたセルフィーは反対の右顔へのバイアスを示していることがわかった。つまり、どちらもセルフィーを撮るときは右側を向いて、自分の顔の左顔を写す傾向があった。

解説と関連する研究

人物の絵を描いたり写真を撮る場合に、自画像、セルフィーも含めて左顔に選好バイアスがかかることはさまざまな領域で繰り返し、確認されている。選挙の候補者写真では右翼も左顔（Thomas, Loetscher, Clode, & Nicholls, 2012）の写真を撮るし、セレブ料理本の表紙の写真（Lindell, 2017）、ブラジリアン柔道大会のメダル授賞式（Okubo, 2019）、写真家が撮った動物写真（Thomas, Burkitt, & Saucier, 2006）でも左顔バイアスが発生する。いずれの研究でも、左顔バイアスの原因として、左顔のほうがより表情豊かで感情が表出されるからだと述べられているが、もしそうならば、逆により冷静にクールな人物に見られたい場合には、あえて右顔を見せて写真を撮る可能性があるのではないか。たとえば、大学の理系の研究者はより冷静なところをアピールしたいことが多いと思われるので、そのホームページの顔は右顔バイアスがかかるかもしれない。一方で芸術系の研究者はより情感が豊かなことをアピールしたいことが多いので、左顔バイアスがかかるだろう。実際、このとおりになることが、チャーチスら（Churches et al., 2012）によって示されている。

Bruno, N., & Bertamini, M. (2013). Self-portraits: Smartphones reveal a side bias in non-artists. *PLoS ONE*, *8*(2), e55141.

Churches, O., Callahan, R., Michalski, D., Brewer, N., Turner, E., Keage, H. A. D., Thomas, N. A., & Nicholls, M. E. R. (2012). How academics face the world: A study of 5829 homepage pictures. *PLoS ONE*, *7*(7), e38940.

Lindell, A. K. (2017). Celebrity chefs put their left cheek forward: Cover image orientation in celebrity cookbooks. *Laterality: Asymmetries of Body, Brain and Cognition*, *22*(5), 515-520.

Okubo, M. (2019). Faces of glory: the left-cheek posing bias for medallists of Brazilian jiu-jitsu competitions. *Laterality: Asymmetries of Body, Brain and Cognition*, *24*(1), 56-64.

Thomas, N. A., Burkitt, J. A., & Saucier, D. M. (2006). Photographer preference or image purpose? An investigation of posing bias in mammalian and non-mammalian species. *Laterality*, *11*(4), 350-354.

Thomas, N. A., Loetscher, T., Clode, D., & Nicholls, M. E. (2012). Right-wing politicians prefer the emotional left. *PLoS ONE*, *7*(5), e36552.

キリストは右側を向いて磔にされやすい

もとになった論文

Acosta, L. M. Y., Williamson, J. B., & Heilman, K. M. (2013). Which cheek did Jesus turn?. *Religion, Brain & Behavior*, 3(3), 210-218.

キリストを描いた宗教画の中で最も重要なテーマは磔にされたキリストである。このテーマを描いた絵画は多いが、これらの作家はキリストが実際に磔にされたところを見ているわけではない。そのため、彼らはこの絵のモチーフを最も効果的に表現できる構図を採用するはずである。もちろん、キリストの磔画は、彼の苦悩や苦しみを表現するものである。われわれは右顔よりも左顔において、より感情を表出することがわかっている。とすれば、画家は彼の苦しみを効果的に表現するために磔のキリストの右顔ではなく左顔を描く傾向があるに違いない（そのためにはイエスに右側を向かせる必

要がある)。本研究では、この仮説を検証する。

キリストの絵画集とインターネットのデータベースなどをもとにキリストの磔を描いた絵画550枚が選択された。これらの絵画についてキリストが右を向いているか、左を向いているかが集計された。その結果、496枚においてキリストは頭を右に向けて左側を見せており、残り54枚ではその反対に顔の右側を見せていた。カイ二乗分析によれば、左頰の正面向きの描写は、右頰の正面向きの描写よりも有意に一般的であった。($\chi^2(1) = 355.2, p < .0001$)。

さらに、分散分析を使用して、作成された時期(世紀ごと)が顔の向きに与える影響を調べた。全体として、古い描写では、左向きのバイアスが大きくなる傾向があった($f(2, 457) = 3.942, p = .020$)。

ただし、このバイアスには宗教的な理由がある可能性もある。たとえば、イエスは弟子たちに、右の頰を打たれたとき、「反対側の頰を差し出せ」と言った(マタイの福音書)。そのため、画家は、イエスに右を向かせて左の頰を目立つように見せることで、迫害者に服従することを描写したのかもしれない。また、キリストは聖書の中で「父(全能の神)の右に座した」と説明されている(マルコ・ルカの福音書)。そのため、父に見捨てられたと感じたイエスが頭を右に向けたのではないかと画家が考えた可能性もある。

解説と関連する研究

ドゥエクセンら（Duerksen, Friedrich, & Elias, 2016）は、４８４枚のイエスと仏陀の絵画を分析し、イエスが右側を向いているバイアスを確認するとともに、仏陀はわずかな左側バイアスしか見られず、正面を向いていることが多いことを示した。この違いは仏教においては感情的な要素の抑制がむしろ重要になってくるからだと思われる。

また、アコスタら（Acosta, Williamson, & Heilman, 2015）は、磔の絵画でキリストが右側を向いているのはネガティブな感情が左顔に表出されやすいからであって、復活などのポジティブな感情がモチーフの絵ではこのバイアスが消失するのではないかという仮説を立て、これを実証している。

Acosta, L. M. Y., Williamson, J. B., & Heilman, K. M. (2015). Which cheek did the resurrected Jesus turn?. *Journal of Religion and Health*, *54*(3), 1091-1098.

Duerksen, K. N., Friedrich, T. E., & Elias, L. J. (2016). Did Buddha turn the other cheek too? A comparison of posing biases between Jesus and Buddha. *Laterality: Asymmetries of Body, Brain and Cognition*, *21*(4-6), 633-642.

ロマンス小説愛読者はコンドームが嫌い

野暮ねえ

もとになった論文

Diekman, A. B., Gardner, W. L., & McDonald, M. (2000). Love means never having to be careful: The relationship between reading romance novels and safe sex behavior. *Psychology of Women Quarterly*, 24(2), 179-188.

恋愛のスクリプト〔注：恋愛行動の典型的な流れやルール〕をわれわれは、小説や映画で（最近はマンガやアニメなどでも）学ぶ。そして、実際の恋愛においてもこれらのスクリプトを利用することになる。女性においてはロマンス小説がスクリプトをつくり出すときに重要になるかもしれない。ロマンス小説とは、性的な行動も含めた恋愛小説であり、おもに女性が読者である。有名なのは、ハーレクインロマンスシリーズで、日本を含めた世界中でかなり読まれており、熱狂的なファンもいる。ただ、このような小説を読んで、恋愛スクリプトを形成することには、いくつかの問題点もある。たとえば、こ

れらの小説では男性は女性に対して支配的な態度をとることが多く、女性は従属的な地位に置かれることが多い。これは、男女の（恋愛活動も含めた）格差の縮小には、マイナスの効果をもたらす可能性がある。しかし、この研究では、その問題ではなく、もっとストレートな性行動に関する問題を扱う。セックスにおけるコンドーム使用の問題である。ロマンス小説においては、主人公の男女の関係は情熱的で衝動的なことが多く、それゆえ、そのセックス描写においてはコンドームの使用について描かれていない。もし、女性がロマンス小説を読んで、恋愛スクリプトを形成するのだとすると、コンドームを使用しないセックスが行なわれやすくなる可能性がある。しかし、性感染症や予期しない妊娠のことを考えるならば、それは適切な行動とはいえないであろう。本研究では、これを、ロマンス小説の読書量と、セックスにおけるコンドーム使用に対する態度と行動を測定することによって明らかにしようとしている。

著者のディエクマンら（Diekman et al., 2000）は、まず最初にロマンス小説におけるコンドーム不使用というのが本当かどうかを検証した。分析対象は、1981〜1996年に出版された78冊のロマンス小説である。これを2人の評価者が独立に読んで、その特徴について集計した。その結果、主人公たちの最初のセックスにおいて、コンドームの使用について主人公たちが言及したのはわずか8冊（10・3％）にすぎなかった。また、このすべてが男性による発言であり、男性主導でコンドームの使用が選択された。コンドーム使用についての理由としてあげられていたのは、妊娠回避と性感染症予防が半数ずつだった。ただし、このうちの3冊においては女性がコンドームの使用を拒否した。

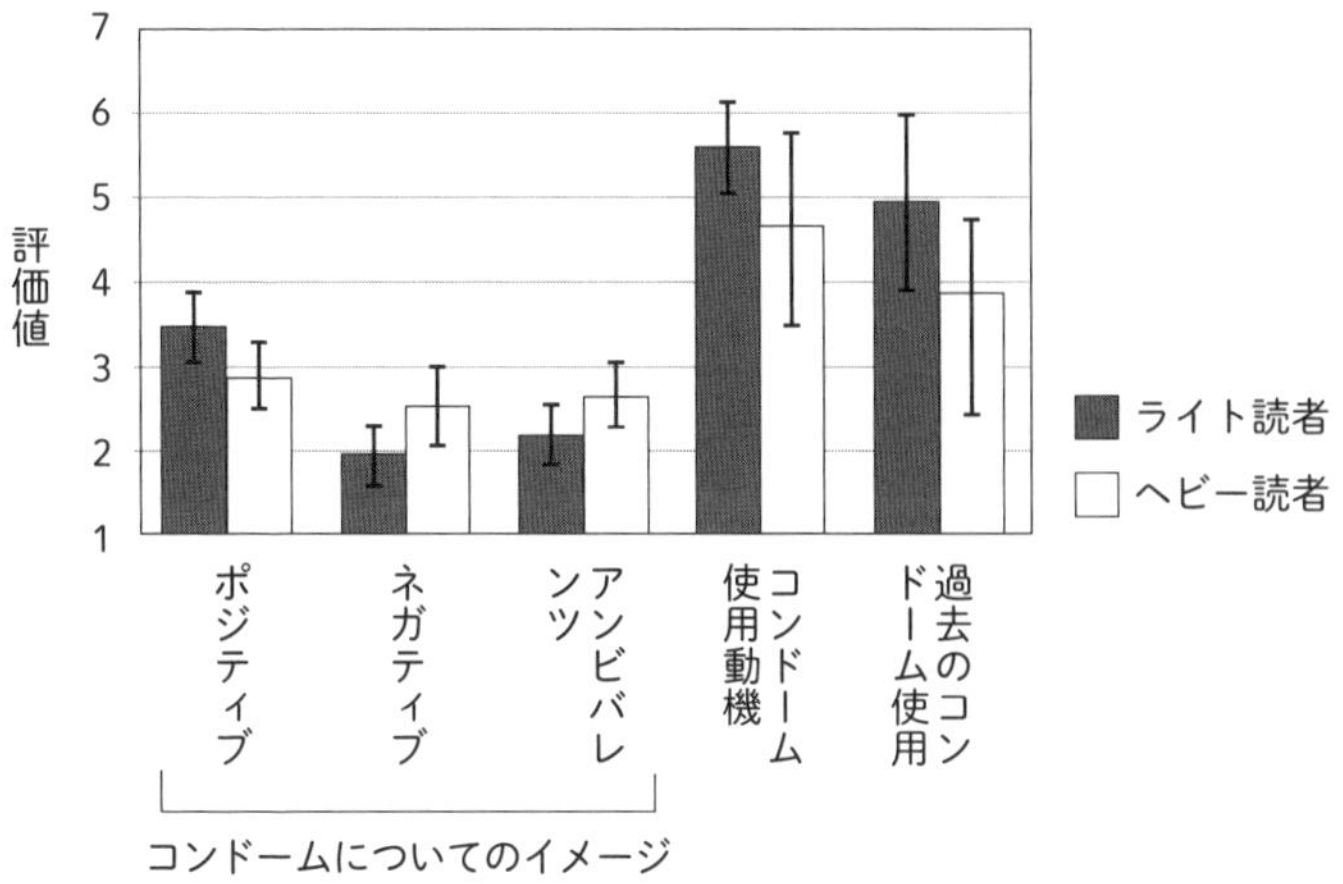

図　ロマンス小説の読書量とコンドームについてのイメージ・行動

次に調査研究を行なった。研究に参加したのは性的な経験のある大学生女子97人で年齢の中央値は19歳であった。参加者に社会的属性や性的な経験について質問したあと、コンドームについてのイメージとコンドーム使用行動について回答させた。イメージについては、「ポジティブ」「ネガティブ」「アンビバレンツ」な形容語を呈示して、コンドームについてのイメージを5段階で評価させた。また、コンドームの使用の動機づけ（コンドームを使用したいと思うかどうか）に関してと、過去の使用頻度に関しては7段階で評価させた。また、調査後、電話インタビューで3つのジャンル（政治、サイエンスフィクション、ロマンス小説）についての読書頻度について質問した。ロマンス小説についての年間読書量の中央値が5冊（平均は8・42冊）であったので、中央値以上の読者をヘビー読者、残りをライト読者とした。評価の結果を上の図に示した。予想どおり、ロマンス小説の愛読者はコンドームについて、よりネガティブあるいはアンビバレンツな印象をもち、コンドームの使用経験は少なく、将来の使用の動機づけも少なかった。

解説と関連する研究

男性の性欲を明らかにするためには、男性が好むグラビアの分析（とくにプレイボーイ誌）が使用されることが多いが、女性の性欲や性行動についての分析には、ロマンス小説、とくにハーレクインなどの大衆ロマンス小説が用いられることが多い。近年では、とくに進化心理学的な観点からロマンス小説を分析する試みがいくつか行なわれている。たとえば、コックスとフィッシャー（Cox & Fisher, 2009）はハーレクインロマンスに描かれる男性キャラを分析し、大金持ち、王子、青年実業家、資格取得者（とくに医師免許）、身体的にすぐれた能力をもつ警察官、スパイ、軍人などが多いことを示している（多くの場合、この複数の属性を同時にもつ）。女性キャラにはこのような特徴は現れない。また、フィッシャーとコックス（Fisher & Cox, 2010）は、ハーレクインロマンスのストーリー構造がｃａｄタイプの性行動（多くの女性と短期的に配偶する）をする男性を女性キャラがｄａｄタイプの性行動（単独の女性と長期的な関係を築く）に変えていくものになっていることを明らかにしている［注：cad、dadの分類はKruger & Fisher, 2005に始まる］。また、ロマンス小説の（時にかなり露骨な）性描写を分析し、時代ごとにセックススクリプトがどのように変化するかを明らかにした研究としてメナードとカブレラ（Ménard & Cabrera, 2011）がある。この種の研究はインタビューや質問紙研究が困難であるため、分析ソースとしてロマンス小説を使用することはかなり有益な方法である。

Cox, A., & Fisher, M. (2009). The Texas billionaire's pregnant bride: An evolutionary interpretation of romance fiction titles. *Journal of Social, Evolutionary, and Cultural Psychology*, *3*(4), 386-401.

Fisher, M., & Cox, A. (2010). Man change thyself: Hero versus heroine development in Harlequin romance novels. *Journal of Social, Evolutionary, and Cultural Psychology*, *4*(4), 305-316.

Kruger, D.J., & Fisher, M. L. (2005). Alternative male mating strategies are intuitive to women. *Current Research in Social Psychology*, *11*(4), 39-50.

Ménard, A. D., & Cabrera, C. (2011). 'Whatever the approach, tab B still fits into slot A': Twenty years of sex scripts in romance novels. *Sexuality & Culture*, *15*(3), 240-255.

誰がペニスサイズを過大申告するのか

もとになった論文

King, B. M., Duncan, L. M., Clinkenbeard, K. M., Rutland, M. B., & Ryan, K. M. (2019). Social desirability and young men's self-reports of penis size. *Journal of Sex & Marital Therapy*, 45(5), 452-455.

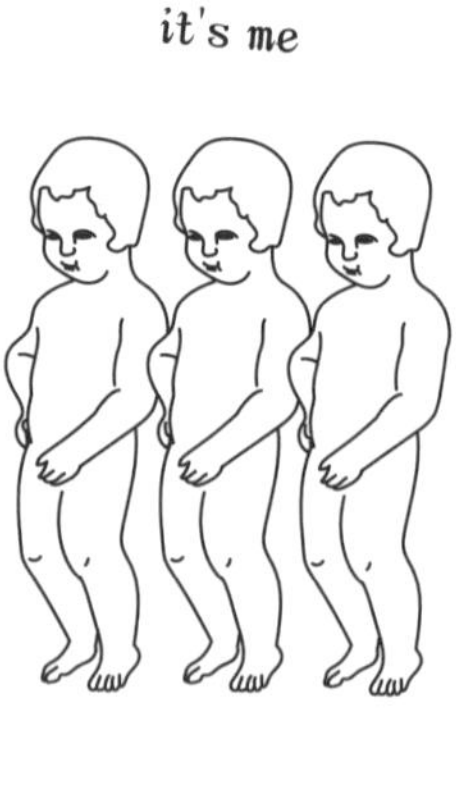

男性はペニスサイズを聞かれるとなぜか過大に報告するということがいろいろな研究で示されてきた。ただ、問題はなぜ、そんなものをわざわざ過大報告するのかということだ（しかも、たかだか数インチの問題である）。この問題に関しては、ペニスは男性性の象徴であり、文化的にもそれが大きいことが優れた男性であることを示しているからだといった考えから、進化的にペニスの大きな男性が女性から選択されやすいからといった説まで、さまざまある。この問題を実証的に研究するためには、まず、ペニスサイズの過大評価に影響する要因、たとえば個人差要因、を明らかにする必要がある。

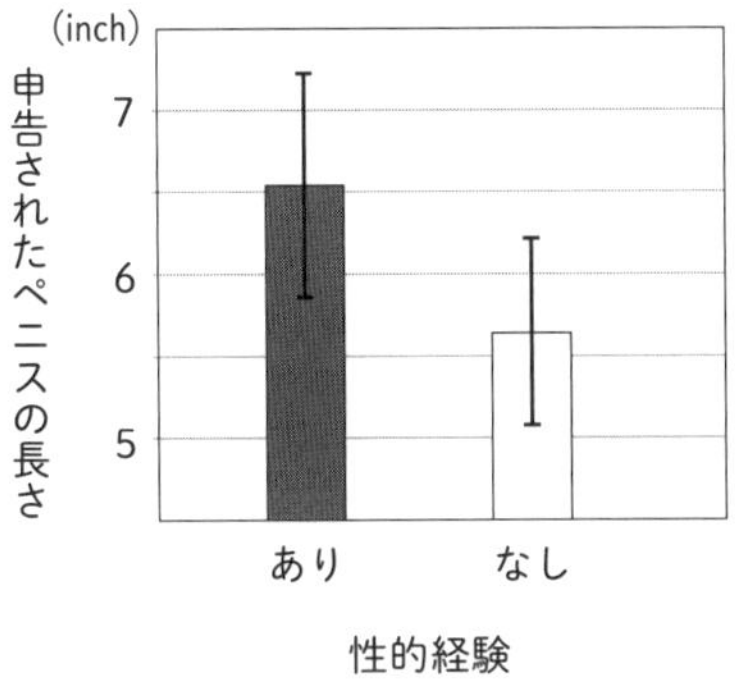

図　性的体験の有無と申告されたペニスサイズの関連

この研究では、この問題が検討されている。キングら（King et al., 2019）は、どの程度の過大視が起きるのか、それは性的な体験と関係しているのか、また、どのような性格特性の人物（本研究では、社会的望ましさ傾向を取り上げる）が過大報告しがちなのかについて検討した。

実験に参加したのは初級クラスの教養科目のセクシャリティの講義の参加者であった。この授業に参加した170人の男性の学生に対して調査が行なわれた。調査は、社会的属性や性的な経験などを聞く質問、社会的望ましさ尺度、そして自己の（最大）ペニスサイズについての自己申告からなっていた。ペニスサイズの自己申告は3インチ（約7・5センチ）以下から12インチ（約30センチ）以上まで0・5インチきざみの選択肢の中から一つ選択して○をつけるかたちで行なわれた。その結果、性的な経験のある男性は経験のない男性に比べてペニスサイズを長く報告した（$t(164)=4.72, p=.002$）。社会的望ましさ尺度（社会的に望ましいと思われる方向にバイアスがかかった返答をする傾向）との相関をとったところ、性的な経験のある男性はr=.275、経験のない男性はr=.158でいずれも有意な相関があった。性的な経験のある社会的望ましさ傾向の高い男性は自分のペニスサイズを最も長く報告した。

解説と関連する研究

先行研究において、「自己報告される」ペニスサイズは平均6・0〜6・5インチ（約15・2〜16・5センチ）ということがわかっており、本研究結果はそれと整合している。ただし、この研究では、彼らの実際のペニスサイズについては測定されていないので、報告が真実であるかはわからない。「実際の（最大）」ペニスサイズについての研究も数多く存在し、ワイルとアードレイ（Wylie & Eardley, 2007）は先行研究を一覧表にしてまとめているが、平均5・36インチ（約13・6センチ）程度だということがわかっている。そもそも自己評価は過大報告される可能性が大きいといえる。キング（King, 2021）は、この過大報告の原因は多くの男性が平均的なペニスサイズを「6インチ」だと思い込んでいるからだろうと指摘している。

King, B. M. (2021). Average-size erect penis: Fiction, fact, and the need for counseling. *Journal of Sex & Marital Therapy*, 47(1), 80-89.

Wylie, K. R., & Eardley, I. (2007). Penile size and the 'small penis syndrome'. *BJU International*, 99(6), 1449-1455.

ホラー映画マニアはパンデミックに対する耐性が強い

もとになった論文

Scrivner, C., Johnson, J. A., Kjeldgaard-Christiansen, J., & Clasen, M. (2020). Pandemic practice: Horror fans and morbidly curious individuals are more psychologically resilient during the COVID-19 pandemic. *Personality and Individual Differences*, *168*, 110397.

ホラー映画を見ることは単なる楽しみ以上のものがある可能性がある。それは、たとえば、緊急事態に備えることや恐怖状況をあらかじめ映画をとおしてシミュレートしておくことによって、いざ、そのような状況になった場合により適応的な行動がとれるようにしておくなどである。

そこでこの研究では、COVID-19パンデミックに遭遇した状況下で、ホラー映画マニアはより適応的であったかについて検討した。実験参加者はアメリカ人322人で、COVID-19が世界的に大流行した2020年の4月に調査は実施された。

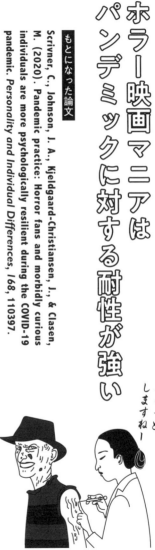

はじめに「自分は（　）ジャンルの映画やテレビドラマのファンだと思う」という7段階の評価が行なわれた。（　）には、ホラー、ゾンビ、サイコスリラー、超自然的、終末論的／終末後の世界、サイエンスフィクション、宇宙人侵略、犯罪、コメディ、ロマンスが含まれていたが、このうち、ホラーの得点をホラー得点、ゾンビ、終末論的／終末後の世界、宇宙人侵略の3つのジャンルに対する評価の合計をプレッパージャンル好き得点とした。また、実験参加者には、スクリブナーら（Scrivner et al., 2020）の病的好奇心（morbid curiosity）尺度が行なわれた。これは危険または脅迫的な現象に対してもっと知りたいと思う個人特性のことである。

さらにコロナ感染に対するレジリエンスを測定するためのいくつかの尺度が実施された。一つは、この研究のために作成された「パンデミック心理学的レジリエンス尺度（PPRS）」である。この尺度は11項目について7段階で評価するもので、パンデミックに対するポジティブ感情による適応（ポジティブレジリエンス）を測定する因子、たとえば、「パンデミックのいくつかの側面は興味深いと感じました」「パンデミックの間、人生は有意義であると感じました」などの項目、とパンデミックに対するネガティブな心理的なストレス因子、たとえば、「パンデミックの間、私はいつもより落ち込んでいました」「パンデミックが始まって以来、私はよく眠れていません」などの項目から構成されている。また、同様に「パンデミックについての備え」尺度が構成され、実施された。この尺度には、「私はコロナウイルス（COVID-19）のパンデミックのような事態に心理的に備えていました」「コロナウイルス（COVID-19）が大規模なパンデミックになったことに驚きました（逆転項目）」などの項目が含まれていた。

分析の結果、ホラーファンは心理学的なストレスを感じにくいことが、プレッパージャンルファンは心理的なストレスを感じにくいことに加えて心理的な備えもできていたことが、病的な好奇心をもつものは、パンデミック状況をポジティブなものとしてとらえることができていることが示された。

これらの結果は、恐ろしいフィクションを視聴することによって、人々が現実の災害状況で有益な効果的な対処戦略を実践できるようになることを示している。

解説と関連する研究

COVID-19パンデミックが始まった初期の頃、パンデミックを描いた映画である「コンテイジョン」はストリーミングサービスで視聴数が上位になった。これは、人々がディザスター映画やホラー映画を緊急事態に対してのシミュレーションの素材として用いている可能性を示している。では、そもそもこの種の映画を見る人はどのような人なのだろうか。不安傾向が大きかったり心配性な人だろうか。この点を検討したのが、クラセンら(Clasen, Kjeldgaard-Christiansen, & Johnson, 2020)である。この研究では、ホラー映画視聴と個人属性や性格の関連について検討がなされている。その結果、男性であることや開放性が高い場合にホラー映画を視聴しやすいということがわかった。開放性は知的好奇心と関連している性格特性であり、心配性傾向よりも好奇心がホラー映画視聴に関係していることがわかる。もともと心配性な人はこの種の映画自体に触れることを回避すると思われる。

映画ではないが、死などのダークテーマをおもに扱う音楽のジャンルであるヘビーメタルやデスロックに関してもそれが死への恐怖を和らげる効果をもっていることがニアーとリーガー（Kneer & Rieger, 2016）によって示されている。

Clasen, M., Kjeldgaard-Christiansen, J., & Johnson, J. A. (2020). Horror, personality, and threat simulation: A survey on the psychology of scary media. *Evolutionary Behavioral Sciences*, *14*(3), 213–230.

Kneer, J., & Rieger, D. (2016). The memory remains: How heavy metal fans buffer against the fear of death. *Psychology of Popular Media Culture*, *5*(3), 258-272.

スラッシャー映画ではセックスすると死ぬ

もとになった論文

Welsh, A. (2010). On the perils of living dangerously in the slasher horror film: Gender differences in the association between sexual activity and survival. *Sex Roles*, 62(11-12), 762-773.

スラッシャー映画とは、「13日の金曜日」のようなティーンが殺人鬼に順番に殺されていくような映画のことである。このような映画ではしばしば、ティーンの無軌道な行動や性行動が描かれ、これらの直後に彼らは殺されることになる。つまり、これらの映画は、倫理的な行動をとらないティーン（とくに女性）に対して罰を与えるという構造になっているのである。そこで、これらの映画の構成について、ウェルシュ（Welsh, 2010）は次の仮説を検討している。

表　男女キャラクターの性的活動に基づく生存・死亡の割合

性別	性行動	身体的攻撃の結果		*n*	テスト
		生存	死亡		
女性	あり	13.3%（*n*=11）	86.7%（*n*=72）	83	$\chi^2(1)=6.53^{**}$
	なし	28.1%（*n*=39）	71.9%（*n*=100）	139	
男性	あり	9.5%（*n*=7）	90.5%（*n*=67）	74	$\chi^2(1)=1.32$
	なし	14.8%（*n*=28）	85.2%（*n*=161）	189	

$^{**}p<.01$

仮説1：セックスした女性キャラクターはしなかったキャラクターよりも殺されやすい。この傾向は男性キャラクターでは見られない。

仮説2：セックスした女性キャラクターが殺されるシーンはしなかったキャラクターや男性キャラクターよりも長い。

仮説3：セックスしない女性キャラクターはセックスした女性キャラクターや男性キャラクターよりもより好意的に描かれる。

この現象を実証的に検討するために、1960～2009年の間にリリースされた英語の北米スラッシャー映画が、オンライン映画データベースサイトInternet MovieDatabase（IMDb）から、「スラッシャー」「マスクキラー」「ゴア」「ブラッドスプラッター」「サイコキラー」などのキーワードで検索され、作品概要でその映画がスラッシャー映画の定義を満たすかが確認された。その結果、233本の映画が抽出され、その中からランダムに選ばれた50本が分析対象となった。

選ばれた映画の中には、「13日の金曜日」シリーズ、「エルム街の悪夢」シリーズ、「スクリーム」シリーズ、「ハロウィン」シリーズ、「悪魔のいけにえ」「暗闇にベルが鳴る」などが含まれていた。

分析の結果、まず、セックスしなかった女性キャラクターは、28・1%が映画の最後まで生き残ったのに対して、セックスした女性キャラクターで生き残ったのは、13・3%であり、有意差が認められた。一方で、男性キャラクターでは、この差は有意にならなかった（仮説1検証）。

また、殺害されたキャラクターについて殺害シーンを分析したところ、女性キャラクターのほうが男性キャラクターよりも、またセックスをしたキャラクターのほうがしなかったキャラクターよりも、殺害されるシーンが長かった。男性キャラクターではセックスの影響はほとんどなく、女性キャラクターには顕著に見られた。殺害シーンが最も長かったのはセックスをした女性キャラクターで平均1・23秒、セックスをしなかった女性キャラクターの殺害描写は平均0・97秒であった（仮説2検証）。

最後に、すべてのキャラクターについてその印象（好意度や知的水準）をSD法によって評価してその得点を分析したところ、女性キャラクターの場合、セックスをしなかったものはしたものに比べて印象が良く描かれていたが、男性キャラクターの場合、差はなかった（仮説3検証）。

解説と関連する研究

スラッシャー映画においては、規範的で道徳的な行動をとることが生存するために重要な要素であり、とくに性的放蕩は死を招く（いわゆる死亡フラグ）ということは広く言及されている。これは、スラッシャー映画（やその原作となることが多い都市伝説）が一種の規範伝達機能をもっているからだと考えられる。

また、同様の研究としては、コーワンとオブライエン（Cowan & O'Brien, 1990）がある。この研究では、56本のスラッシャー映画における474人の被害者についての分析が行なわれている。その結果、男性と女性は同じ程度襲われるが、女性については、良い属性をもったキャラクターと悪い属性をもったキャラクターが顕著に分離しており、悪い女性キャラのみが殺されること、高い男性的なステレオタイプをもっている男性キャラは殺されやすいことなどが示されている。

メナードら（Ménard, Weaver, & Cabrera, 2019）は、80年代、90年代、00年代の代表的なスラッシャー映画10本ずつについて内容を分析しており、その結果、ヌードを見せること、露出の多い服装をすること、勇気を見せず戦闘を回避することなどが殺される可能性を増加させることを示している。ただ、よくいわれるような、処女は生還しやすい、マイノリティは殺されやすいという現象は観察されなかった。

Cowan, G., & O'Brien, M. (1990). Gender and survival vs. death in slasher films: A content analysis. *Sex Roles*, *23*(3), 187-196.

Ménard, A. D., Weaver, A., & Cabrera, C. (2019). “There are certain rules that one must abide by”: Predictors of mortality in slasher films. *Sexuality & Culture*, *23*(2), 621-640.

ケビン・ベーコンまでの距離

もとになった論文

Hopkins, B. (2004). Kevin Bacon and graph theory. *Problems, Resources, and Issues in Mathematics Undergraduate Studies, 14*(1), 5-11.

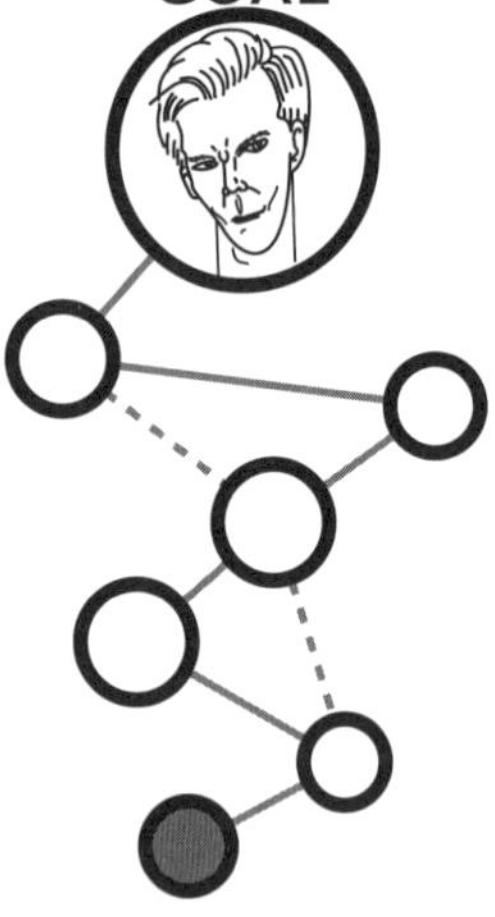

ミルグラム（Milgram, S.）のスモールワールド実験は心理学の歴史の中で最も有名な実験の一つである。この実験は、ボストンとネブラスカに住んでいる数百人のスタート人物からマサチューセッツ州に住む株式仲買人のゴール人物までいくつの友だちの輪でつながることができるのかを調査したものである。彼はまず、スタートとなる人物にゴール人物を知っているかを尋ね、もし知っていたら直接、その人物に手紙を出す、そして、もし知らなかったら、ゴール人物を知っていそうな人物、少なくともそこに近づくような人物（ただし、ファーストネームで呼ぶような関係性の人物）に手紙を出して、

同様のお願いを繰り返すというものであった。このような実験を行なうと26・25%の手紙が最終的にゴール人物のところに届けられたが、その平均経由人数は、5・83人であった。これは世界中（この実験では少なくともアメリカ中）の見知らぬ2人が6人経由する程度の関係でつながっているということと解釈され、話題となり、心理学の授業ではよく取り上げられるネタとなっている。

さて、このスモールワールド実験にヒントを得て行なわれている一種のゲームに「ケビン・ベーコンゲーム」がある。ケビン・ベーコンは多作で有名なアメリカの俳優である。これは、ある任意の俳優からスタートし、共演した人物をたどってケビン・ベーコンまでつなげていくというゲームである。たとえば、ニコール・キッドマン→「インビジブル」→スティーブ・アルテス→「ピースメーカー」→ケビン・ベーコンとつながっていく(この場合、隔たり数は2)。ちなみに、このゲームのアカデミックバージョンとして、ポール・エルディシュゲームが知られている。エルディシュは著名な数学者でこの場合、論文の共著者をたどって、彼にたどり着くかを試すゲームである。

さて、このケビン・ベーコンゲームでの平均的な隔たりはいくつになるだろうか。幸いなことに現代は映画データベースが充実しているので、自動的にその隔たりを検索することができる。しかも、これを専門的に行なう the oracle of BACON というサイトまで存在する。これを使って、ベーコンと1次、2次……の隔たりのある俳優を検索していくとその平均的な隔たりは、2・948となった。次に、他の著名な俳優、ウェズリー・スナイプス、アンソニー・クイン、ロッド・スタイガーで同様のことを行なってみた。その結果、ウェズリー・スナイプスは2・923、アンソニー・クインは2・710、ロッド・スタイガーは2・669となった。俳優業界は思われているよりもはるかにスモールワールドだったのである。

解説と関連する研究

ミルグラムのスモールワールド実験は、心理学とコミュニケーション科学のテキストの定番ネタである。「世界中の誰もが6人程度のネットワークを通じてつながっている」というのは、まさに驚くべき現象といえる。しかし、そもそもこれは本当なのだろうか。この問題について徹底的に調査したのが、クレインフェルド（Kleinfeld, 2002）である。彼女はイェール大学のアーカイブに保存されていたミルグラムのオリジナルの研究ノートや未公刊のデータを精査して、彼の主張がかなり大げさで怪しいということを発見した。たとえば、先に述べたミルグラムのスモールワールド実験は、スタート地点が300人であったが、じつは、このうち100人はゴールであるボストン周辺の人であり、100人はゴール人物である株式仲買人と同じ職業の人物であった（ターゲットと地理的に近接している場合と職業が一致している場合、リンクがつながる可能性は急増する；Killworth & Bernard, 1978）。ミルグラムはこういう標本も混ぜて到達率を算出していたのである。これはもちろん結果を過大評価する方向に働く。実際にネブラスカ在住でランダムに選ばれた実験参加者は96人だけで、そのうち、ゴール人物に到達したのは18通、到達率は18％にすぎなかった。これはあまり驚くべき現象とはいえない。また、ミルグラムはカンザス州からハーバード神学校の学生の妻をターゲットにして60通のメッセージを送る実験をしていたが、この実験で到達したのはわずか3通（5％）であり、そしてこの実験は未発表になっていた。このような調査結果から、クレインフェルドは、「6次の隔たり」現象は現実社会では当てにならない可能性があると述べている。

Killworth, P. D., & Bernard, H. R. (1978). The reversal small-world experiment. *Social Networks*, *1*(2), 159-192.
Kleinfeld, J. (2002). Could it be a big world after all? The six degrees of separation myth. *Society*, *12*, 5-2.

アナキン・スカイウォーカーは境界性パーソナリティ障害の可能性がある

もとになった論文

Bui, E., Rodgers, R., Chabrol, H., Birmes, P., & Schmitt, L. (2011). Is Anakin Skywalker suffering from borderline personality disorder?. *Psychiatry Research*, 185(1-2), 299.

「スターウォーズ」の登場人物についての心理学的、あるいは精神医学的分析の論文がいくつか存在する。そのほとんどすべては、アナキン・スカイウォーカー、のちのダース・ベイダーを扱ったものである。他のキャラクター、たとえばルーク・スカイウォーカーやハン・ソロ、レイ（・スカイウォーカー）、レイア姫、チューバッカなどはアナキンに比べれば心理学的には凡庸である（唯一、カイロ・レンだけは分析しがいがあると思うが）。

さて、ブイら（Bui et al., 2011）によるこの論文は、そのようなアナキン分析論文の一つである。彼らはまず、アナキン・スカイウォーカーの心理的な問題点の起源として、父親の不在と母親からの早期分離（アナキンは、ジェダイマスターのクワイ＝ガン・ジンに見いだされて奴隷の身分から解放されるが、そのため、9歳で母親から引き離される）をあげる。両親と十分な関係が築けなかったことから、彼の人格は安定性を欠くものになってしまい、極端な依存・理想化と排斥・敵意を揺れ動くようになる。たとえば、彼のメンターであるオビ＝ワン・ケノービや元老会議長のパルパティーンとの関係、そして、のちのパドメとの関係がよい例である。彼は、オビ＝ワンやパドメに対して過剰なほどに愛を注ぎ込み、またそれを求めるが、一方で、パラノイア的な敵意や怒りを抱く。アナキンは、強力なフォースをもっているが、この不安定な人格ゆえ、それをうまく扱うことができない。彼は感情、衝動性の制御不全状態に陥っている。そのため、母親の死に激高して、母親を誘拐したタスケン族を皆殺しにしてしまったり、ダース・シディアスの策略に乗って、ジェダイを壊滅させ幼いパダワンたちまで殺してしまったりする。彼はこれらの大虐殺の際に解離性エピソードを体験する。彼は幼児的な万能感にも支配されており、パドメとともに銀河を征服することさえも夢見る。ダース・シディアスによって暗黒面に引き寄せられると、自らの名前をダース・ベイダーに変えるが、これは彼のアイデンティティの混乱の兆候として理解することができるだろう。これらのエピソードを分析すると、彼は、DSM-Ⅳの境界性パーソナリティ障害の9個の基準のうち、6つを満たしていると結論づけられる。

アナキンを分析することによって、われわれは才能ある子どもの発達上の問題について話し合うことや、境界性パーソナリティ障害について一般の人や医学生、研修医の理解を促進することができるだろう（原論文の記述にスターウォーズサーガについて若干の補足を行なった）。

解説と関連する研究

アナキン・スカイウォーカーについてさらに詳しい分析としては、デ・フランシスコ＝カルヴァロ（de Francisco Carvalho, 2017）のものがある。この論文ではミロン（Millon, T.）のパーソナリティ理論にしたがって、アナキンの幼児期、青年期、成人期についてそれぞれ分析を加えている。ダ・ロシャら（da Rocha, Malloy-Diniz, & Corrêa, 2012）は、アナキンのパーソナリティ障害的な行動は、むしろ青年期特有の不安定さに起因しているのであって、境界性パーソナリティ障害と診断するのは早計であると指摘している。ホールとフリードマン（Hall & Friedman, 2015）は、彼が境界性パーソナリティ障害であるということを否定はしないが、そもそも彼はＰＴＳＤであるということを診断上考慮すべきだと述べている。アナキンはなにしろ奴隷だったのだし、ポットレースのライバル、セブルバによって生命を脅かされていた、そして目の前で母親が殺されている。また、彼のさまざまな異常行動はむしろ、反社会性パーソナリティ障害やナルシシズムによって説明される可能性もあるのではないかとしている。フリードマンとホール（Friedman & Hall, 2015）は、スターウォーズの各キャラは、精神医学の講義に使用するのに適していると述べており、有名キャラとその精神病理的な診断の可能性について、一覧表をあげて解説している。この表によれば、ルーク・スカイウォーカーは統合失調症初期症状、ジャバ・ザ・ハットはサイコパス、レイア姫は演技性パーソナリティ障害、オビ＝ワン・ケノービは老年期うつ病、パドメは産後うつ病、Ｃ－３ＰＯは、強迫性パーソナリティ障害と依存性パーソナリティ障害との関連が疑われるという。

ここまであげてきた諸論文は、いずれもエピソード１～６に基づくものであったが、２０１５年から始まったエピソード７～９では、アナキン以上に複雑で（やっかいな）人格であるカイロ・レンが登場してきた。今後、心理学者や精神医学者は彼に注目するに違いない。現在のところ、カイロ・レンを論じた論文にはゲレロとハモラ（Guerrero & Jamora, 2016）のものがある。

de Francisco Carvalho, L. (2017). From Anakin Skywalker to Darth Vader: Understanding Star Wars based on Theodore Millon's theory of personality pathology. *Revista de Medicina y Cine(Journal of Medicine and Movies)*, 13(3), 121-126.

da Rocha, F. F., Malloy-Diniz, L., & Corrêa, H. (2012). Revisiting the Anakin Skywalker diagnostic: Transcending the diagnostic criteria. *Psychiatry Research*, 198(1), 179

Friedman, S. H., & Hall, R. C. (2015). Using Star Wars' supporting characters to teach about psychopathology. *Australasian Psychiatry*, 23(4), 432-434.

Guerrero, A. P., & Jamora, M. J. (2016). Can Kylo Ren be redeemed? New potential lessons from Star Wars

episode VII. *Academic Psychiatry*, *40*(4), 630-633.
Hall, R. C., & Friedman, S. H. (2015). Psychopathology in a galaxy far, far away: The use of Star Wars' dark side in teaching. *Academic Psychiatry*, 39(6), 726-732.

その三

イライラするのはなんのせい？

ファーストクラスの存在は攻撃行動を促進する

もとになった論文

DeCelles, K. A., & Norton, M. I. (2016). Physical and situational inequality on airplanes predicts air rage. *Proceedings of the National Academy of Sciences, 113*(20), 5588-5591.

社会的な不平等の顕在化が反社会的な行動を促進することは広く知られている。ところで、飛行機の機内は、一種の小世界である。そこには特権階級(ファーストクラスの乗客)と一般庶民(エコノミークラスの乗客）が乗っているからである。とすると飛行機においては、ファーストクラスが存在する路線のほうが存在しない路線より機内におけるトラブルが増加するのではないか。これを機内におけるトラブル（インシデント）に関する大規模なデータベースを使って解析したのが、デュセルとノートン（DeCelles & Norton, 2016）の研究である。分析の結果、驚くべきことにこのような効果が実際

に存在することが明らかになった。しかも、興味深いのは、このような効果はエコノミークラスの乗客が機体の前方から搭乗するかどうかとも関係しており、その搭乗の場合のほうがトラブルが多かったのである。これは機体の前方から搭乗するとファーストクラスの座席を通ってエコノミークラスに移動する必要があり、より階級の違いが顕在化しやすいからではないかと考えられた。ちなみに分析はロジスティック回帰分析によって行なわれており、トラブルの数を従属変数、その他の要因（たとえば、シートピッチやキャビンサイズ、路線など）を独立変数として分析している。エコノミークラスのトラブルはファーストクラスが存在することや、機体前方からの搭乗（ファーストクラスを通ってエコノミークラスに行く必要がある）で増加した。シートピッチやシートの広さはトラブルと関係していなかった。ついでだが、データを詳細に見てみると、飛行機が遅れるに従ってトラブルが増加すること（イライラするからだと思われる）や、なぜかカリブや中央アメリカと北アメリカを結ぶ便では、トラブルが多いこともわかった。

解説と関連する研究

社会的な格差が顕在化することで怒りや不満が増加することは相対的剝奪理論として知られ、心理学的にも多くの研究で実証されている。たとえば、ルトマー（Luttmer, 2005）は、隣人が裕福であることによって幸福感が減少することを示している。また、この怒りや不満はしばしば攻撃行動に転化する。攻撃の対象が社会一般に向けられると大量殺人などを引き起こす可能性もあり、たとえば、クォンとカブレラ（Kwon & Cabrera, 2019）は、アメリカの3144の地域を比較した研究で、その地域内での収入の不平等が増加すると学校での銃乱射事件が増加するということを明らかにしている。また、攻撃行動が自分自身に向けられると自殺を引き起こすが、ミラーら（Miller et al., 2005）は、ニューヨーク州の検視局で収集されたデータを分析し、15〜34歳の自殺者は所得が不平等な地域に居住していることが多いことを示している。ダリーら（Daly et al., 2011）は、西欧諸国の幸福度指数や生涯幸福指数が自殺率と r=.25〜.5程度の相関を示すことを明らかにしており、幸せな地域に自殺が多いこの現象を「ダークコントラスト」と呼んでいる。これもみなが不幸であるよりも、みなが幸せである状況下で自分だけ不幸であるという「幸せの格差」の顕在化が自殺を増加させるからだと解釈されている。

Daly, M. C., Oswald, A. J., Wilson, D., & Wu, S. (2011). Dark contrasts: The paradox of high rates of suicide in happy places. *Journal of Economic Behavior & Organization*, *80*(3), 435-442.

Kwon, R., & Cabrera, J. F. (2019). Income inequality and mass shootings in the United States. *BMC Public Health*, *19*(1), 1-8.

Luttmer, E. F. (2005). Neighbors as negatives: Relative earnings and well-being. *The Quarterly Journal of Economics*, *120*(3), 963-1002.

Miller, J. R., Piper, T. M., Ahern, J., Tracy, M., Tardiff, K. J., Vlahov, D., & Galea, S. (2005). Income inequality and risk of suicide in New York City neighborhoods: A multilevel case-control study. *Suicide and Life-Threatening Behavior*, *35*(4), 448-459.

金持ちは横断歩道で歩行者に道を譲らない

もとになった論文

Piff, P. K., Stancato, D. M., Côté, S., Mendoza-Denton, R., & Keltner, D. (2012). Higher social class predicts increased unethical behavior. *Proceedings of the National Academy of Sciences, 109*(11), 4086-4091.

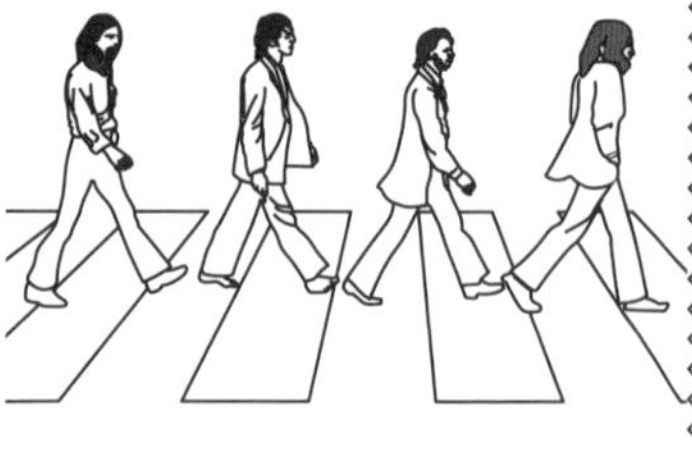

上流階級と下層階級では、どちらが社会的ルールを破ったり、非倫理的な行動をするのだろうか。上流階級は、自己中心的な認知傾向をもつため不遜な行動をする傾向があるとも考えられるし、一方で下層階級は、自らの不利益を克服したり社会的な不満をぶつけるために非倫理的な行動をしがちとも考えられる。もちろん、社会階層と倫理的な行動にはまったく関係がないということも考えられる。

そこで、本研究ではこの問題について実験的に検討することにした。この実験では、社会的ルールとして、交通ルールを取り上げた。また、上流階級か下層階級かは、彼らが乗っている車によって確

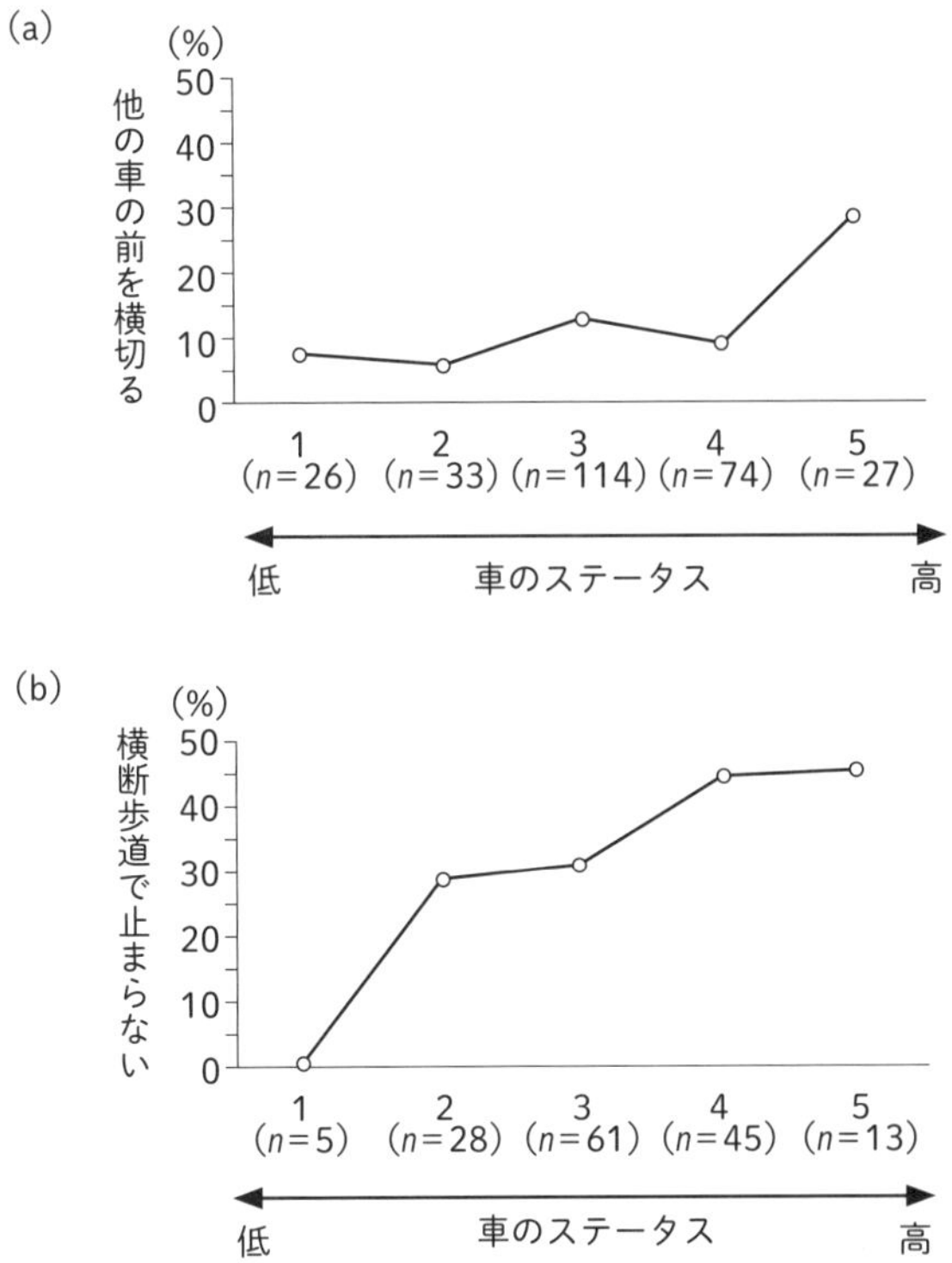

図　車のステータスと交通違反との関係

認した。

第1実験では、すべての方向に「一時停止」の看板がある十字路で、相手の車を遮って前を通過するという行動が生じるかどうかを検討した。これは、カリフォルニア州の交通ルールに反した行動である。観察者は、通過する車の価格などからそのステータスを5段階に分け、次にその車が他方から来る車を遮って通行するかどうかを記録した。すべてのドライバーのうち12・4％が違反したが、最も違反が多かったのは、最も高いステータスの車であった。

第2実験では、横断歩道に歩行者が立っている場合に、車が横断歩道の前で停止して歩行者を先に通すかを実験した。歩行者はサクラである。これもカリフォルニア州の交通ルールでは、停止しなければいけないという状況である。ドライバーの34・9％がこのルールに違反して、歩行者を無視して通行した。この研究でも、車のステータスが高くなればなるほど、歩行者を無視する率が上昇した。

いずれの研究も下層階級よりも上流階級が社会的なルールを守らないということを示している。

解説と関連する研究

上流階級が倫理的な行動をとりにくい原因としては、自らが多くの資源をもっているために他者との協調行動をとる必要性が少ないからであるという進化心理学的な理論が提唱されている。しかし、実証的な研究では、そもそも金持ちのほうが倫理的な行動をとるというデータも多数報告されている。たとえば、ドゥーブとグロス（Doob & Gross, 1968）は、高ステータス車に乗っている人はクラクションを鳴らしにくいという現象を報告している。また、アンドレオニら（Andreoni, Nikiforakis, & Stoop, 2017）は、興味深い方法で上流階級の倫理的な行動を研究した。この研究では「手紙誤配法」

が用いられた。これは、経済的に豊かな家とそうでない家に封筒を誤配し、それを家人がきちんと転送するかを検討したものである。ただし、封筒は薄い紙でつくられており、中にある銀行振り込みカードか現金が透けて見えるようにしてあった。実験の結果、経済的に豊かな家に誤配された封筒のほうがより転送され、豊かでない家に誤配された封筒はより紛失した。

いずれにせよ、経済的なステータスと倫理的な行動の関連についてはさらなる研究が必要であろう。

Andreoni, J., Nikiforakis, N., & Stoop, J. (2017). *Are the rich more selfish than the poor, or do they just have more money? A natural field experiment* (No. w23229). Cambridge, MA: National Bureau of Economic Research.

Doob, A. N., & Gross, A. E. (1968). Status of frustrator as an inhibitor of horn-honking responses. *The Journal of Social Psychology*, *76*(2), 213-218.

暑い日はクラクションを鳴らす

もとになった論文

Kenrick, D. T., & MacFarlane, S. W. (1986). Ambient temperature and horn honking: A field study of the heat/aggression relationship. ***Environment and Behavior*, *18*(2), 179-191.**

この研究では、気温が攻撃性に及ぼす効果について検討した。まず、攻撃性の測度として、他の車に対してクラクションを鳴らす行動を取り上げた。実験は、アリゾナ州フェニックスの真ん中にある交差点で、4〜8月の毎土曜日の昼下がり、11〜15時の間に行なわれた。サクラの女性が運転する1980年式ダットサン200SXが赤信号で停止する。この後ろについた車の運転手が観察対象者となる。しばらくすると信号は緑に変わるが、女性は発車しない。このとき女性は前を見て、両手でハンドルを持った状態で12秒停止を続ける。実験協力者が陰からサクラの後ろの車の運転手を観察

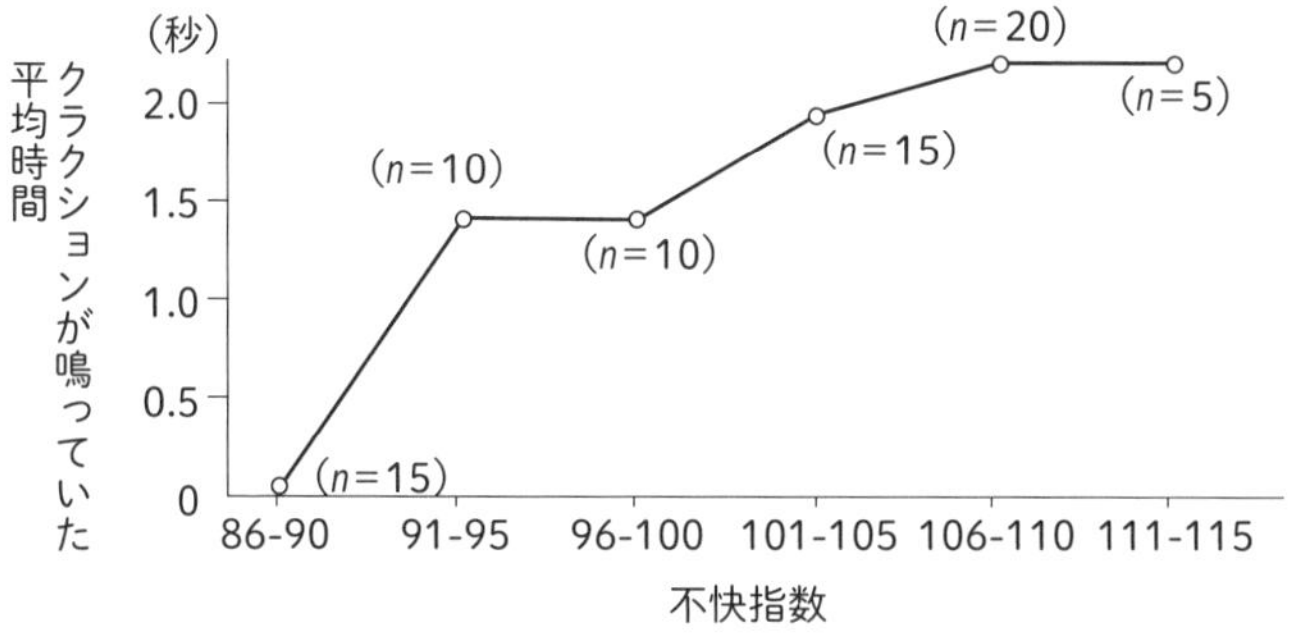

図　不快指数とクラクションが鳴らされた時間の関係

し、その年齢や性別、ナンバー、同乗者、そして車の窓が開いているかどうかを記録した。最終的に75台の車が観察対象になった。後ろの車がクラクションを鳴らすかどうか、(鳴らした場合には)クラクションを鳴らすまでの時間、鳴らした回数、トータルでクラクションを鳴らしていた時間なども記録した。12秒間クラクションが鳴らなかった場合、女性は13秒後に車を発進させた。このときの気温と湿度は大学の気象学部の発表しているデータを利用した。クラクションを鳴らした回数や時間などを合成した「クラクション指数」とさまざまな変数との相関係数を算出した。その結果、気温との相関は$r=.343$となり、気温が高いほどクラクションを鳴らしやすいということがわかった。興味深いのは、窓が開いている車(29台)だけに限定して分析すると、この相関は$r=.757$になったということである。逆に窓が閉まっている車だと$r=.120$で有意な相関は見られなかった。車の窓が閉まっているということはその車にクーラーがついているということであり、窓が開いているということはクーラーがないということを意味する。クーラーがない場合、車内の温度は外気温に近くなる。一方でクーラーがある場合には常に温度は一定であろう。ということで、気温が高い場合、人はクラクションを鳴らしやすいがクーラーが効いている場合には気温が高くてもクラクションは鳴らさないということがわかった。窓が開いている場合にはクラクションを鳴らす程度に最も関係しているのが気温だった（次いで、同乗している男性の数だった）。

解説と関連する研究

単に気温の高さは攻撃行動を引き起こしやすくするのかについての研究である。この背景には不快感情攻撃仮説がある。これは不快な感情の喚起が攻撃行動を増加させるというものであり、気温はその一つの要素と考えられている。気温と攻撃行動との関連でよく言及されるのが「犯罪の熱仮説」である、これは、暑い季節は犯罪が多くなるという現象である。たとえば、アンダーソンら（Anderson, Bushman, & Groom, 1997）は、暑い年は殺人や深刻な暴力が増加することを示している。しかし、近年のより精密な研究では、気温と犯罪の間の関係を見いだしていない研究が多い（Lynch, Stretesky, & Long, 2020; Lynch, Stretesky, Long, & Barrett, 2020）。

しかし、犯罪までいかなくとも、暑いことでイライラして、些細な攻撃行動が増加することは多くの人が日常よく体験していることである。クラクションを鳴らす行動を、そのような攻撃行動の指標にしたのは、ドゥーブとグロス（Doob & Gross, 1968）が最初であるが、フィールドで攻撃行動を測定するには、よいアイディアであり、比較的使いやすい攻撃の測定指標である。また、ライアン（Ryan, 2020）は、気温が高いと交通警察官が違反切符を切りやすくなることを明らかにしている。これは気温が高いとドライバーがスピードを出しやすくなるのか、あるいは警察官がイライラして一種の攻撃行動として違反切符を切りやすくなるのかのどちらかが原因だと思われる。ドライバーは現代では通常、クーラーの効いた車内にいるため、おそらく、後者のメカニズムであろう。

Anderson, C. A., Bushman, B. J., & Groom, R. W. (1997). Hot years and serious and deadly assault: Empirical tests of the heat hypothesis. *Journal of Personality and Social Psychology*, *73*(6), 1213-1223.

Doob, A. N., & Gross, A. E. (1968). Status of frustrator as an inhibitor of horn-honking responses. *The Journal of Social Psychology*, *76*(2), 213-218.

Lynch, M. J., Stretesky, P. B., & Long, M. A. (2020). Climate change, temperature, and homicide: A tale of two cities, 1895–2015. *Weather, Climate, and Society*, *12*(1), 171-181.

Lynch, M. J., Stretesky, P. B., Long, M. A., & Barrett, K. L. (2020). The climate change-temperature-crime hypothesis: Evidence from a sample of 15 large US cities, 2002 to 2015. *International Journal of Offender Therapy and Comparative Criminology*, 0306624X20969934.

Ryan, M. E. (2020). The heat: Temperature, police behavior and the enforcement of law. *European Journal of Law and Economics*, *49*(2), 187-203.

暑い日はスポーツで反則が増える

1　暑い日はデッドボールが増える

もとになった論文

Reifman, A. S., Larrick, R. P., & Fein, S. (1991). Temper and temperature on the diamond: The heat-aggression relationship in major league baseball. *Personality and Social Psychology Bulletin*, 17(5), 580-585.

気温と攻撃性に関係があるとするならば、プロスポーツにおける攻撃的なプレーは気温が高いときに起きやすいのではないかと考えられる。これをメジャーリーグのデータを使って確認したのがこの研究である。データは1986〜1988年のシーズンの826のゲームから収集された。これらのシーズンを主要な日刊新聞のマイクロフィルムで見ていって（当時はメジャーリーグの大規模なデータベースが構築されていなかった）、各試合におけるデッドボール（英語では、HBP：Hit by Pitch）と新聞に載っていたその日の最高気温との相関を算出した。その結果、r=.11の有意な相関が算出された（図1）。攻撃性とは関係ないエラーやパスボールは気温と相関しなかった。気温とデッドボールの関係は線形的で気温が高くなるに従って、デッドボールが増加した。この傾向が一般的かどうか確認するために1962年のデータについても調査してみたが、同様の相関が得られた。

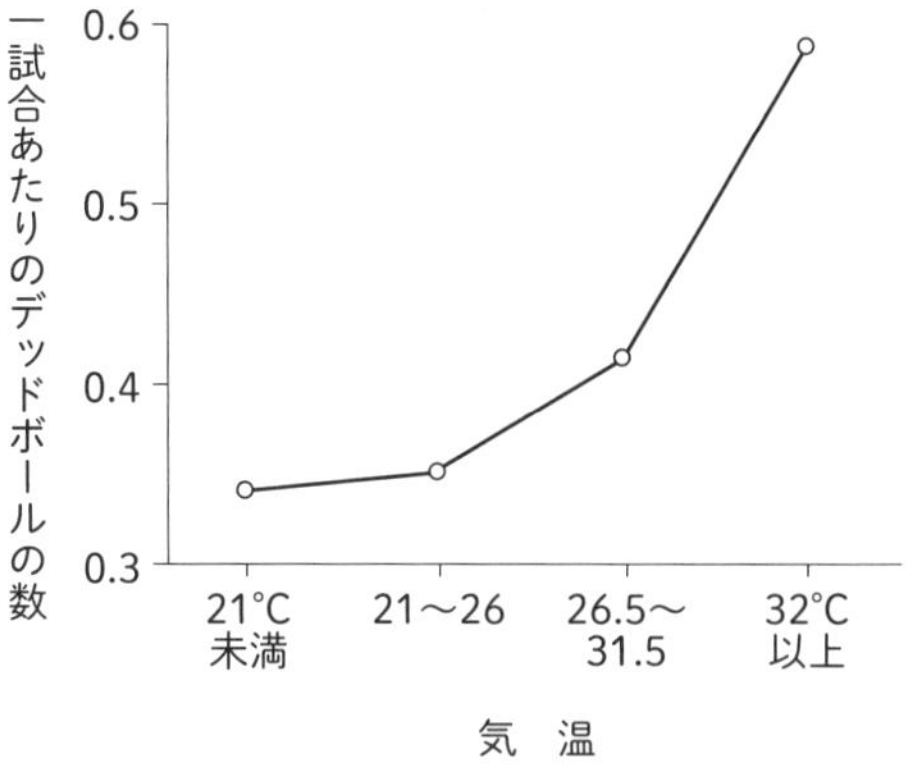

図1　最高気温とデッドボールの関係

2　暑い日はアメリカンフットボールでも反則が増える

もとになった論文

Craig, C., Overbeek, R. W., Condon, M. V., & Rinaldo, S. B. (2016). A relationship between temperature and

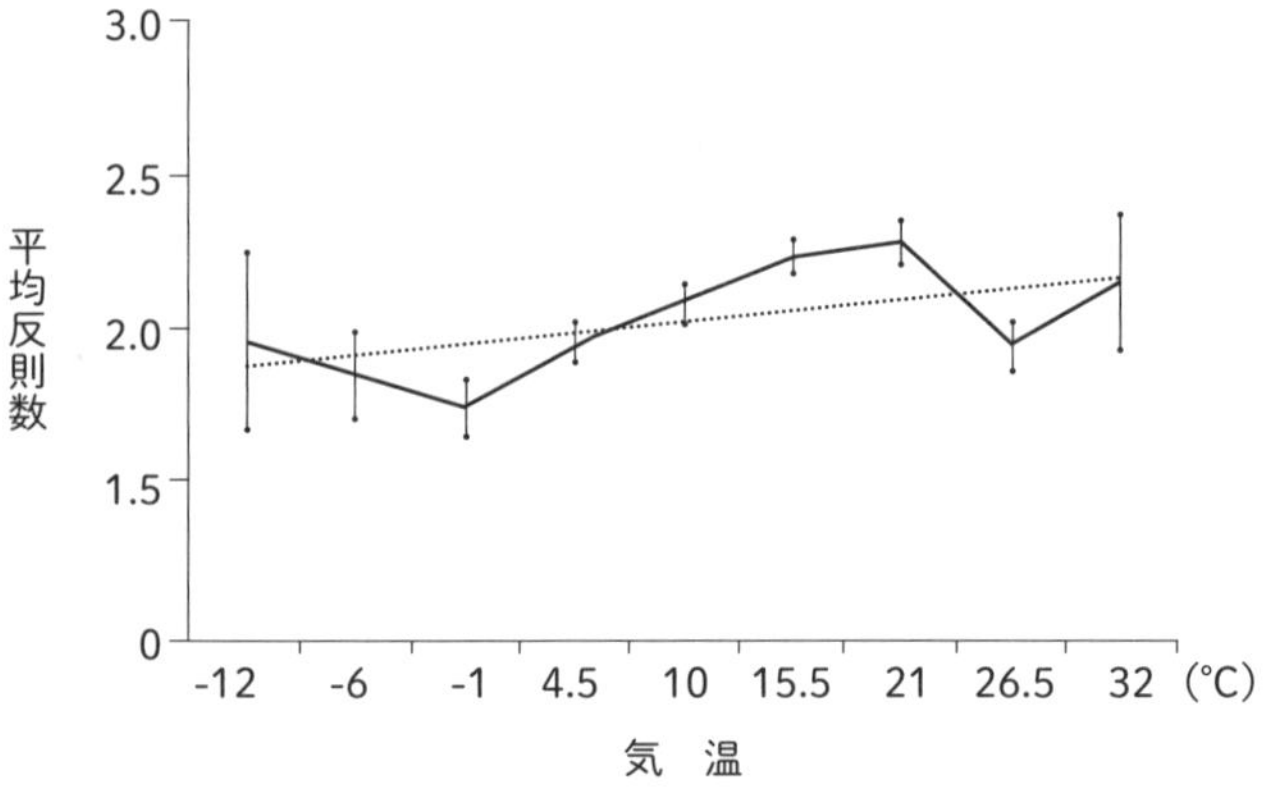

図２　アメリカンフットボールにおける気温と攻撃的反則の関係

aggression in NFL football penalties. *Journal of Sport and Health Science, 5*(2), 205-210.

暑い日に人が攻撃的になるとするとアメリカンフットボールの試合の反則も気温と関係しており、気温が高いと反則が増えるという現象が見られるかもしれない。そこで、本研究では、ＮＦＬのゲームデータベースを参照してこの効果が見られるかどうかを検討した。対象となったのはＮＦＬシーズン２０００～２０１１年の２３２６試合である。試合開催日の平均気温は、58・27Ｆ（14・5℃）であった。次に記録された反則を攻撃的なものと非攻撃的なものに分けた。攻撃的な反則としては、スポーツマンらしくない行為（unsportsmanlike conduct）、相手のフェイスマスクをつかむ（facemask）、特定のファウルとしては定められていない危険な行為（unnecessary roughness）、相手や審判を愚弄する（taunting）が該当し、他のテクニカルな反則は非攻撃的なものとして分類された。

気温と反則の相関をとったところ、ホームチームではこれらの間に有意な相関が見られた（r＝.074, p＜.01）が、ビジターチームでは見られなかった（r＝.035, $n.s.$）。つまり、ホームチームの選手は暑いと凶暴になりやすいということである。

解説と関連する研究

気温が高くなるとスポーツにおける反則や危険行為が増加するということはいくつかの研究で示されている。最も多いのは、野球における温度とデッドボールの関係についての研究である。たとえば、クレンザーとシュプラン（Krenzer & Splan, 2018）は、２０００〜２０１５年までのすべてのメジャーリーグのゲーム３万８０００以上を分析し、気温とデッドボールの間にr＝.022（n＝38870）の（わずかな）相関があることを明らかにし、本項で取り上げたリーフマンら（Reifman, Larrick, & Fein, 1991）の研究を裏づけた。またラリックら（Larrick et al., 2011）は、気温とデッドボールの間により複雑な関連があることを示した。たとえば、相手チームのピッチャーがデッドボールを投げた場合、それを意図的な行為と判断すれば、今度は自分たちが守備に回ったときに相手の打者に対して、復讐的なデッドボールを投げる可能性があるが、一方で偶発的なものだと考えれば、そのような復讐は行なわないと考えられる。彼らは高い気温は、相手投手のデッドボールが悪意ある故意のものであると考える敵意認知を増加させるのではないかと考えた。そこで、１９５２～２００９年までのメジャーリーグの試合で試合時の気温が入手できた４５６万６４６８のピッチャーとバッターの対戦データを分析した。その結果、相手チームのピッチャーがデッドボールをしていない場合、気温とデッドボールには関連がないが、相手チームのピッチャーがデッドボールをした場合、デッドボールが増えるほど、気温との関連が強くなることを示し、この仮説を実証した。

Krenzer, W. L., & Splan, E. D. (2018). Evaluating the heat-aggression hypothesis: The role of temporal and social factors in predicting baseball related aggression. *Aggressive Behavior*, *44*(1), 83-88.

Larrick, R. P., Timmerman, T. A., Carton, A. M., & Abrevaya, J. (2011). Temper, temperature, and temptation: Heat-related retaliation in baseball. *Psychological Science*, 22(4), 423-428.

スマホの会話を聞くのはふつうの会話を聞くより迷惑

もとになった論文

Emberson, L. L., Lupyan, G., Goldstein, M. H., & Spivey, M. J. (2010). Overheard cell-phone conversations: When less speech is more distracting. *Psychological Science*, *21* (10), 1383-1388.

この実験には、24人のコーネル大学の学部生（男性6人、女性18人、平均年齢19・45歳）が参加した。彼らは、4つの条件下で認知課題を行なった。1つ目はダイアローグ条件で、これは2人の人物（女性）の会話を聞かせる条件である（全時間の92%が話し声）。2つ目はハーフアローグ条件で、これは2人の人物の会話の一方のみ聞かせる条件である（これがスマホの音を聞くシミュレーションで全時間の54・7%が話し声であとは沈黙）、3つ目はモノローグ条件で、これは1人がずっと話しているのを聞かせる条件である、最後の統制条件は、話し声はなにも聞かせない沈黙条件である。

認知課題として用いられたのは2つで、1つ目は視覚的トラッキング課題である。これは、マウスで動く円形カーソルで疑似ランダムに移動するドットを追跡するというものである。参加者は、ドットをカーソルの中心にできるだけ近づけるように指示された。この課題については、各発言の話し始めの400ミリ秒から話し終わり後400ミリ秒までのトラッキングエラーの差の平均値が測定された（そのため、ダイアローグ条件とハーフアローグ条件のみが分析された）。

2つ目は、選択反応時間課題で、参加者は4つのターゲット文字（試行ブロックの前に呈示）を短期記憶に保持し、次々に呈示される文字がターゲット文字かどうかを判断し、ターゲットであったらできるだけ早くボタンを押し、それ以外の文字であったらボタンを押さないという試行を繰り返した。文字は一文字ずつ400ミリ秒呈示された。参加者がターゲットを見逃したか、ディストラクター（妨害刺激）に誤って反応した場合、エラーフィードバック（赤い「X」）が呈示された。

分析の結果、視覚的トラッキング課題におけるエラーはハーフアローグ条件で有意に多くなった。選択反応時間課題については、ターゲットの検出精度が計算され、条件間で比較したところハーフアローグ条件のみ統制条件よりも有意に検出精度が低下していた。これらの結果は、ハーフアローグが、われわれの注意や認知処理に特別な負荷をかけていることを示している。

ではなぜハーフアローグ条件が認知課題を妨害するのだろうか。可能性としては、会話の内容が予測しにくいことによる妨害効果と発話タイミングが予測できないことによる妨害効果がある。このどちらが重要なのであろうか。第2研究では、会話をフィルタリングし、音としては聞き取れるが、話

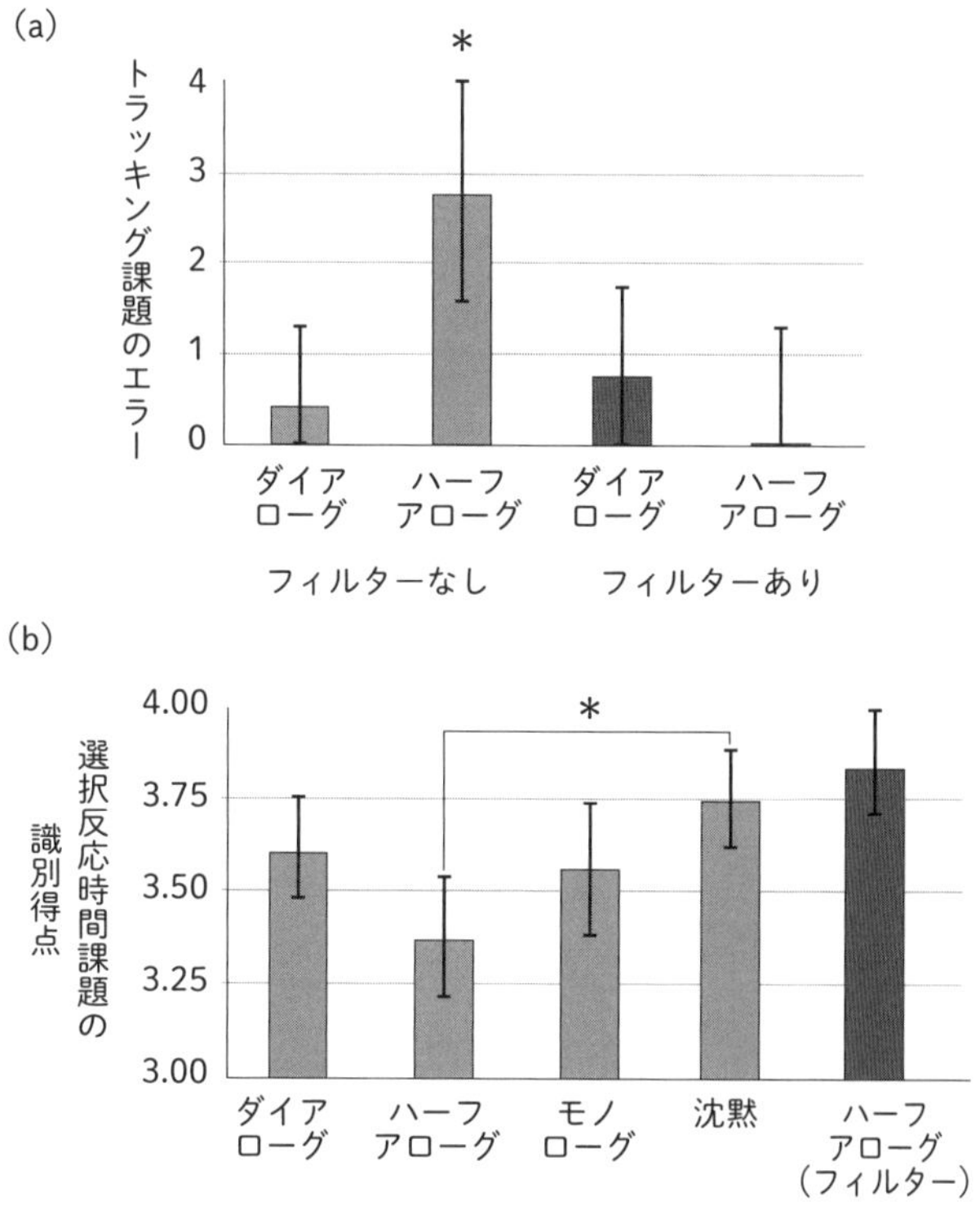

図　スマホ利用時における認知課題の妨害効果

の内容は聞き取れない状況にして同様の実験を行なった。その結果、両課題でハーフアローグによる妨害効果は消失した。つまり、ハーフアローグが問題なのは話の内容が予測できないことによるということがわかった。

これはわれわれが横の人が日本語でスマホで話しているのを聞くとイライラするのに対して、理解できない外国語で話している場合はそれほどイライラしないという現象をうまく説明する。

解説と関連する研究

スマホの通話を聞くことによる作業妨害効果は、マーシュら（Marsh et al., 2018）によってほぼ同様の手続きで追試され、同一の結果が得られている。彼らもこの妨害効果が、内容が予測できないことの効果と発話タイミングが予測できない効果のどちらにあるかを検証している。その結果、無意味な会話では、妨害効果が起こりにくいことから、やはり内容の予測が重要であると結論づけている。また、彼らは同時に行なう課題自体を困難にして、課題への没入度を高めるとスマホによる妨害効果が減少することを示している。つまり、課題に集中しているときはそれほど妨害されず、比較的余裕がある作業を行なっている場合に妨害が生じるのである。

ところで近年の研究では、スマホでの会話だけでなく、そもそもスマホを見るだけで認知的な作業に対する妨害効果が生じることが明らかにされている。たとえば、プシビルスキーとウェインスタイン（Przybylski & Weinstein, 2013）とチェンら（Cheng, Genevie, & Yuan, 2016）は単にスマホがそばに置かれているだけで会話の質（たとえば共感、関係の質、信頼）が低下することを、ソーントンら（Thornton et al., 2014）も単にスマホが机の上に置いてあるだけで（ノートを置いたときに比べて）、注意課題や認知課題の成績が低下することを示している。

Cheng, L., Genevie, J., & Yuan, M. (2016). The iPhone effect: The quality of in-person social interactions in the presence of mobile devices. *Environment and Behavior*, *48*(2), 275-298.

Marsh, J. E., Ljung, R., Jahncke, H., MacCutcheon, D., Pausch, F., Ball, L. J., & Vachon, F. (2018). Why are background telephone conversations distracting? *Journal of Experimental Psychology: Applied*, *24*(2), 222.

Przybylski, A. K., & Weinstein, N. (2013). Can you connect with me now? How the presence of mobile communication technology influences face-to-face conversation quality. *Journal of Social and Personal Relationships*, *30*(3), 237-246.

Thornton, B., Faires, A., Robbins, M., & Rollins, E. (2014). The mere presence of a cell phone may be distracting: Implications for attention and task performance. *Social Psychology*, *45*(6), 479-488.

その四

愛すべきあんなこと、こんなこと

隣に人が立つとおしっこを早く切り上げる

もとになった論文

Middlemist, R. D., Knowles, E. S., & Matter, C. F. (1976). Personal space invasions in the lavatory: Suggestive evidence for arousal. *Journal of Personality and Social Psychology*, 33(5), 541-546.

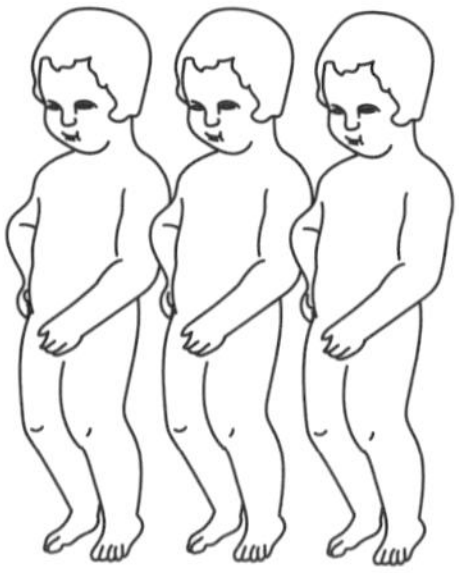

この研究では、パーソナルスペースに他人が侵入してくると緊張が生じ、おしっこが出にくくなり、また早く切り上げたくなる、ということを男性トイレの小便器を使ってフィールド実験している。実験に用いられたのは、アメリカの中西部の大学のトイレである。このトイレには3つの小便器と2つの個室があり、約6分に1人の利用者がある。小便器は幅18インチ（46センチ）で、隣接する小便器の間に18インチの距離があり、床から約4フィート（1・2メートル）上に設置されていた。

まず、実験者は3つの小便器のうちの一つ（真ん中か一番右）には「故障中、使用できません」という張

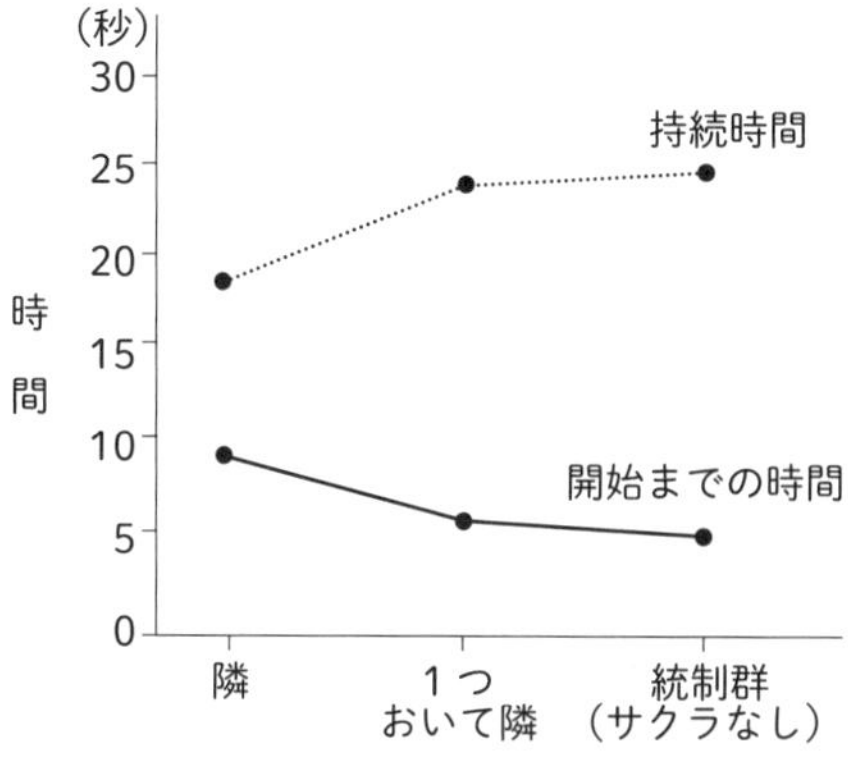

図　サクラの位置と排尿時間の関係

り紙を貼り、2つの小便器しか利用できない状態にした。

　このトイレに利用者（ターゲット人物）が入り、一番左側の小便器を使用すると、サクラが直後にトイレに入って、残っているもう一つ（真ん中か一番右）の小便器を利用する。このような状況下で、最初に入った利用者の（利用者が小便器の前に立ったときから測って）小便が出はじめる時間と小便終了までの時間がどのようになるのかが測定された。仮説は、サクラが利用者の隣の便器を利用した場合、一つ離れた便器を利用した場合に比べ、利用者は小便が出にくくなり、かつ小便を早く切り上げてその場を離れるだろうというものである。

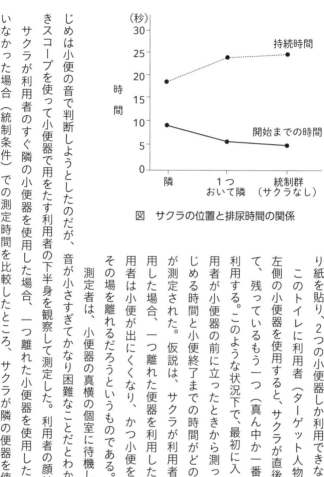

　測定者は、小便器の真横の個室に待機して観察した。はじめは小便の音で判断しようとしたのだが、音が小さすぎてかなり困難なことだとわかったので、のぞきスコープを使って小便器で用をたす利用者の下半身を観察して測定した。利用者の顔は見えなかった。

　サクラが利用者のすぐ隣の小便器を使用した場合、一つ離れた小便器を使用した場合、サクラがいなかった場合（統制条件）での測定時間を比較したところ、サクラが隣の便器を使用した場合は、一つ離れた便器を使用した場合に比べて小便の開始時間は有意に遅れ（$F(1,57)=9.01, p<.004$）、ま

た、サクラがいる場合はいない場合よりも有意に遅れた（$F(1,57) = 15.86, p < .001$）。小便の持続時間も、サクラが隣の便器を使用した場合は、一つ離れた便器を使用した場合に比べて有意に短くなり（$F(1,57) = 4.49, p < .038$）、また、サクラがいる場合はいない場合よりも有意に短くなった（$F(1,57) = 4.49, p < .042$）。これらの結果は、サクラによるパーソナルスペースへの侵入が覚醒度（緊張）を増加させ、その結果が生理現象に影響したのだと考えられた。

解説と関連する研究

この研究は実質的にトイレをのぞき見る研究であるため、すぐに倫理的な問題が提起された。コーチャー（Koocher, 1977）は、この研究が明らかにしたもののわりには、トイレ利用者のプライバシーの侵害度合いが大きすぎるという問題を提起している。また、今後この種のトイレ研究が多く行なわれるようになってしまうのではないかと懸念を表明している。これに対して、著者のミドルミストら（Middlemist et al., 1977）はこの研究はさまざまな問題点を考慮したうえで入念に準備され、予備研究を行なったうえで実施したものであると説明しているが、コーチャーらの批判にしっかりと回答できているとはいえない。

小便器を使ったパーソナルスペースの研究としては、ほかにリードとノヴァック（Reid & Novak,

1975）のものがある。この研究では、４つの小便器がある男性トイレで、先客（１人の場合のみ分析、先客が２人以上いた場合は分析対象から外した）がどの小便器を使っていたのかと入ってきた人がどの便器を使うかの関連が調査された。分析の結果、先客がいない場合には、一番入り口近くの小便器が使用され、そうでない場合には先客となるべく離れた小便器を使う傾向があることがわかった。ちなみにこの研究でも実験者はトイレの個室で待機し、小便器の使用をのぞき見てデータを集めたものであり、現在では倫理的に実験が許可されないだろう。

現在はテクノロジーを用いることによりこの種の研究を倫理的な問題をクリアしつつ実施することが可能になっている。たとえば、ドハティら（Doherty et al., 2020）は、空間センサーを用いて小便器の使用をモニターし、トイレに入ってきた利用者がどの便器を使用するかの時間的遷移パターンを明らかにしている。

Doherty, B., Gardner, N., Ray, A., Higgs, B., & Varshney, I. (2020). The shakedown: Developing an indoor-localization system for quantifying toilet usage in offices. *Architectural Science Review*, 63(3-4), 325-338.

Koocher, G. P. (1977). Bathroom behavior and human dignity. *Journal of Personality and Social Psychology*, 35(2), 120-121.

Middlemist, R. D., Knowles, E. S., & Matter, C. F. (1977). What to do and what to report: A reply to koocher. *Journal of Personality and Social Psychology*, 35(2), 122-124.

Reid, E., & Novak, P. (1975). Personal space: An unobtrusive measures study. *Bulletin of the Psychonomic Society*, 5(3), 265-266.

おしっことうんこの時間に関する研究

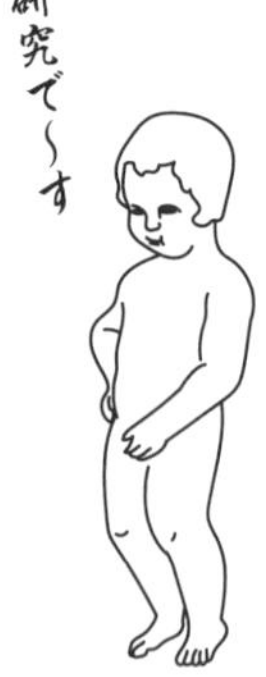

1　3キロ以上の哺乳類のおしっこ時間はみんな21秒

もとになった論文

Yang, P. J., Pham, J., Choo, J., & Hu, D. L. (2014). Duration of urination does not change with body size. *Proceedings of the National Academy of Sciences, 111*(33), 11932-11937.

おしっこの時間についての研究である。そもそもおしっこ行動についての医学的な研究は、ラットとブタで行なわれることが多く、人間や他の動物のおしっこについてはほとんど知られていなかった。そこで、ヤンら（Yang et al., 2014）のグループは、アトランタ動物園で、コウモリからゾウまで16匹の動物の排尿場面を高速度カメラで撮影し、また、YouTubeから28本の動物の排尿シーンを撮影した

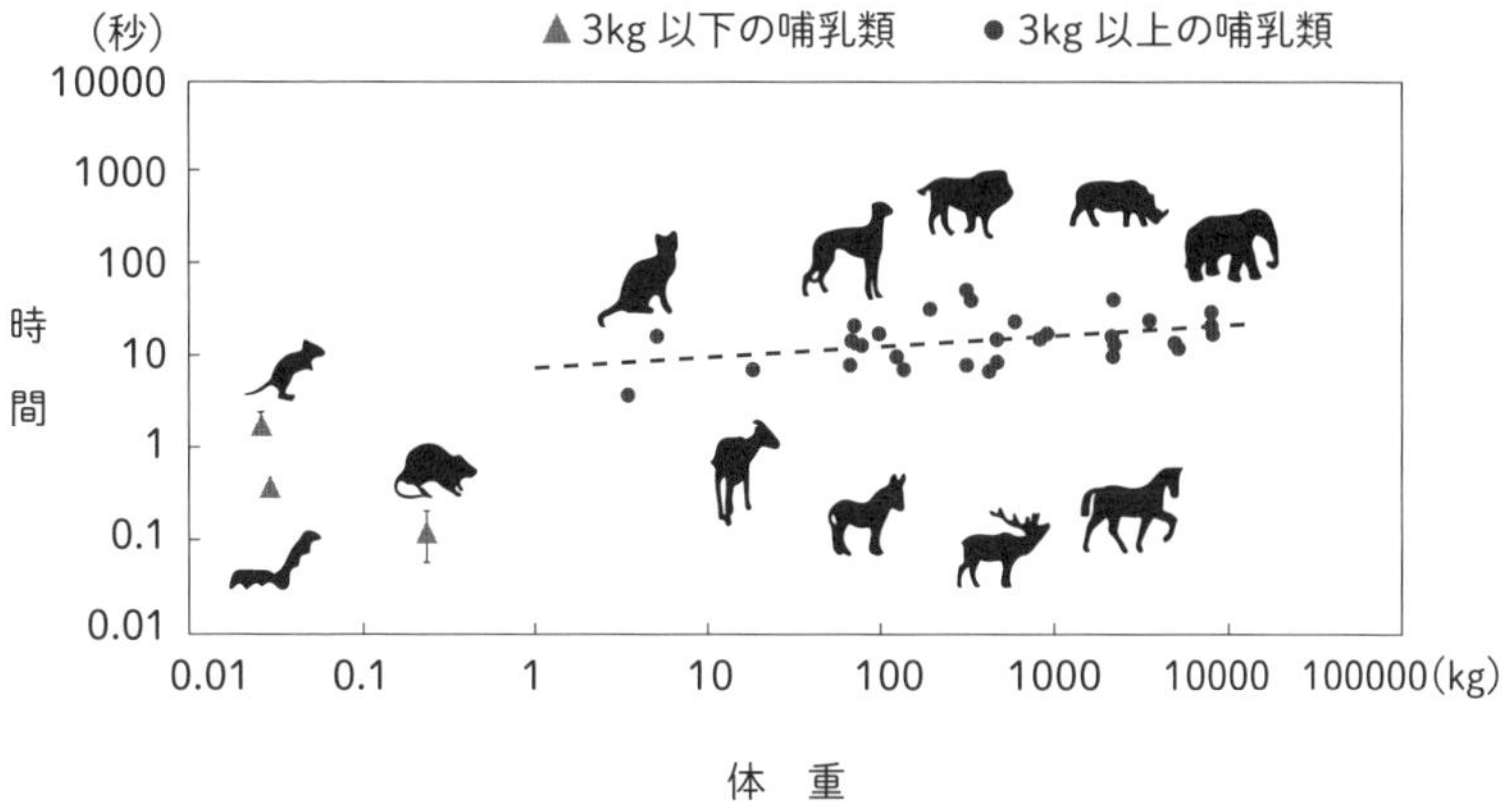

図1　動物の体重と排尿時間の関係

動画を収集した。

その結果、犬からゾウまでの3キロ以上の大きさの動物は、尿をジェット状に噴出させることがわかった。これに対して、体重1キロ以下の動物、たとえば、齧歯動物、コウモリ、および幼体を含む小動物は、ジェットを生成することができず、代わりに、尿滴を断続的に噴出させて排尿することがわかった。

体重が0・03〜8000キログラムの32匹の動物の排尿時間をプロットしたところ、この広い範囲の質量にもかかわらず、排尿時間は3キロ以上の動物については、21±13秒（$n = 32$）で一定であることがわかった。もちろん、尿の量はまったく異なるので、ゾウの場合には大きな蛇口から噴出するようにドバドバと、小動物では、細く長く放出されることが示された。

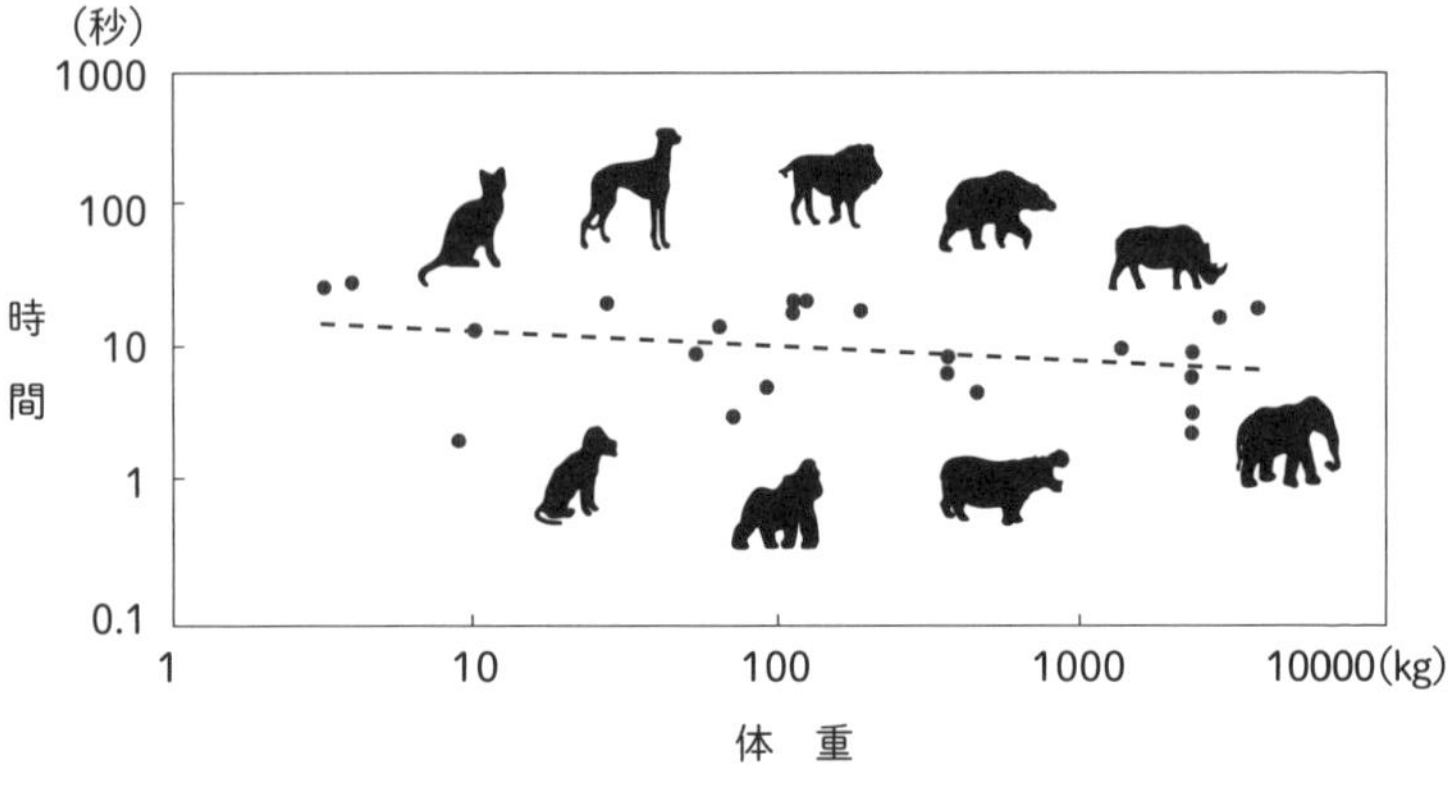

図２　動物の体重と排便時間の関係

2　３キロ以上の哺乳類のうんこの時間はみんな12秒

もとになった論文

Yang, P. J., LaMarca, M., Kaminski, C., Chu, D. I., & Hu, D. L. (2017). Hydrodynamics of defecation. Soft Matter, *13*(29), 4960-4970.

哺乳類のおしっこ時間が一定であるということが示されたのであれば、次に研究しなくてはならないのはうんこ時間である。

これを調査するために、アトランタ動物園でゾウ、ジャイアントパンダ、イボイノシシの排便シーンを撮影し、また、地元の公園で犬の排便シーンを撮影した。さらに、YouTubeからその他の19種類の動物の排便動画を入手した。肛門から糞便の先端が現われるときを、排便の始まり $t=0$ と定義し、肛門から便が脱落するまでの時間と便の排出速度が測定された。大型動物の脱糞の速度は小動物よりも速く、動物の体長に比例して直線的に増加した。しかし、排便に要する時間は、動物の重量が４キロ〜４トンの幅があるにもかかわらず、12±7秒（n=23）でほぼ一定のままであった。長さ40センチのゾウの直腸は猫の直腸の約10倍の長さであるが、排便時間が同じというのは驚くべきことである。

解説と関連する研究

動物の行動研究におけるおしっこ問題において、排尿時間と並んで大きな問題は犬のおしっこにおける側性化の問題である。これは、犬がおしっこをするときに右足と左足のどちらを上げるのかという問題である。この問題を研究した主要な論文は３つある。まず、ゴフとマクガイアー（Gough & McGuire, 2015）は、２つのドックシェルターで犬のおしっこをひたすら観察し、10回以上の排尿が観察できた犬の側性化を調べたところ83〜90％が特定の好みが存在せず、右左同じ程度足を上げることがわかった。また、マクガイアーとゴフ（McGuire & Gough, 2017）は、46匹の犬の散歩を追跡し、やはりおしっこをひたすら観察した。その結果、特定の好みが存在しない犬は50・０％だったが左足を上げるバイアスがかかっていた犬が30・４％いた。つまり、やや左側に側性化しているという結果である。ところが、ベネット（Bennett, 2020）は、オーナーに対して質問紙を送って記入してもらう形式で、世界中のオス犬のおしっこ時に上げる足のバイアスについて調査したところ、そもそも足を上げない30％以外では、左右バイアスなし17％、左足18％、右足36％であり、中程度以上の右足バイアスを見つけている。これらの研究から、犬のおしっこ時の左右バイアス問題についてはいまだ決着がついていないといえるであろう。ただ、去勢すると足を上げなくなる傾向や、高齢犬になるほど足を上げるようになる、小型犬は足を上げやすい、メスでも足を上げる犬はいるなどのことは明らかになっている。

Bennett, M. D. (2020). Male dog urination owner posture preference: A survey of owner observations. *Journal of Veterinary Behavior*, 39, 37-40.

Gough, W., & McGuire, B. (2015). Urinary posture and motor laterality in dogs (Canis lupus familiaris) at two shelters. *Applied Animal Behaviour Science*, 168, 61-70.

McGuire, B., & Gough, W. (2017). Body size influences urinary posture but not hindlimb laterality in shelter dogs. *Journal of Veterinary Behavior*, *21*, 38-44.

犬は飼い主のあくびがうつる

もとになった論文

Romero, T., Konno, A., & Hasegawa, T. (2013). Familiarity bias and physiological responses in contagious yawning by dogs support link to empathy. *PLoS ONE*, 8(8), e71365.

あくびといえば、「あくびがうつる」という現象が広く知られている。他人があくびをしたのを見ると自分もしてしまう現象である。あくびは親しい人ほど伝染しやすいということもわかっており、共感性認知と密接に関係しているといわれている。事実、共感性認知に障害があるといわれている自閉性の障害をもっている人はあくびの伝染が少ない。また、チンパンジー、ヒヒ、オオカミなどでもあくびの伝染が観察されている。では、異種間におけるあくびの伝染は生じるのだろうか。この研究では、人―犬間におけるあくびの伝染現象が調査された。

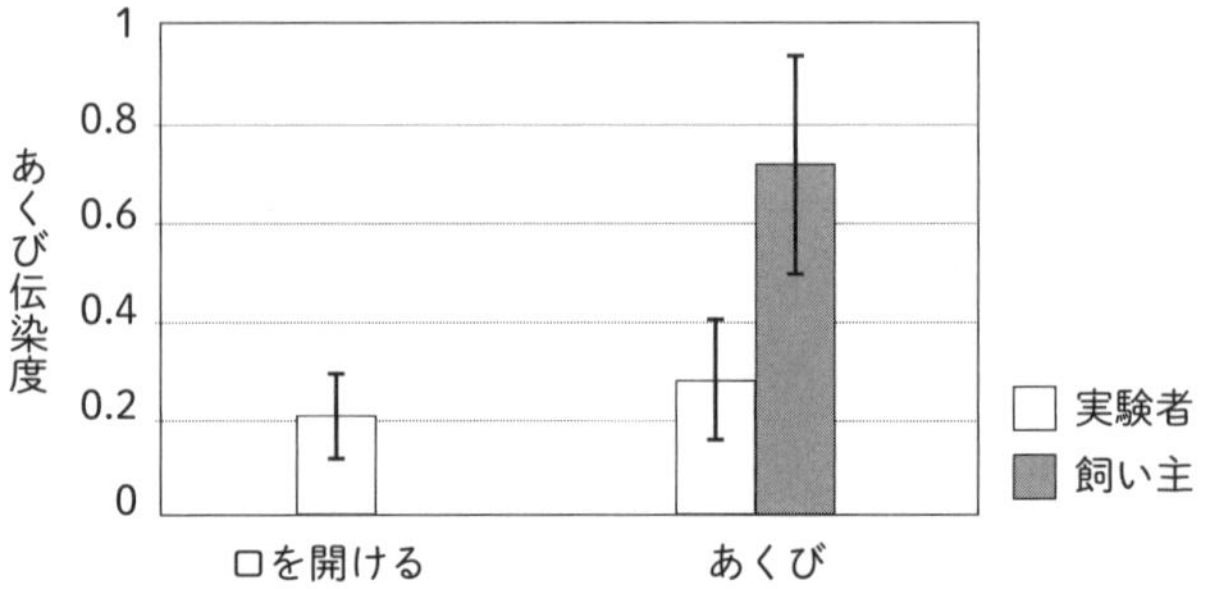

図　実験条件ごとのあくび伝染度

25匹の犬（メス13匹、オス12匹、平均年齢：5・9歳）が実験対象になった。実験場所は犬が飼われている家である。実験条件は、なじみのあるモデル（飼い主）、なじみのないモデル（実験者）×あくびをする、統制行動（単に口を開ける）の2×2の実験計画であった。

飼い主または実験者は、犬の名前を呼んで、アイコンタクトがとれたら、あくび条件では声を出してあくびを繰り返した。統制行動条件では声を出さずに口を開けた。このときの犬の行動が観察され、犬があくびをしたかどうかが記録された。

実験の結果、犬のあくびは飼い主があくびをしたときに他の条件に比べて引き起こされやすいことがわかった。なじみのないモデル（実験者）はあくびの伝染を引き起こせなかった。これは犬が基本的な共感能力をもっていて、とくに飼い主に対して高い共感を表わすことを示している。

解説と関連する研究

大人も子どももあくびが伝染するが、そもそも、何歳くらいの子どもからあくびの伝染は始まるのだろうか。ヘルトら（Helt et al., 2010）は、幼児の目の前であくびをすると、2歳児からあくびが伝染しはじめ、4歳児で急増することを示している。この実験で子どもたちが見たのは実際のあくびであるが、他人があくびをしているビデオを見てもあくびが伝染することもわかっている。ただし、ビデオによるあくび伝染が生じるのは、5歳くらいになってからである。

キャンベルら（Campbell et al., 2009）は、ビデオを使ったあくびの伝染の実験をチンパンジーを対象に行なった。ただし、この実験では、実写でなく、アニメのチンパンジーがあくびをしている姿を見せた。その結果、興味深いことに、彼らにあくびを誘発することができた。つまり、チンパンジーはアニメキャラに共感することができる可能性がある。

数年前まで、あくびの伝染は、チンパンジーや犬など比較的共感性の高い哺乳類でのみ発生すると考えられてきた。しかし、近年、社会性を有する他の種でも次々にあくびの伝染現象が発見されている。まず、2015年の論文で、ギャラップら（Gallup et al., 2015）は、オウムとセキセイインコでこの現象が生じることを明らかにした。この実験では、視覚的な障壁を設置し、お互いが見えない状態の2羽の鳥ではあくびは伝染しないが、相手が見える条件ではあくびが伝染することが示された。

また、同種の鳥があくびをしているビデオを見せてもあくびが誘発された。2021年には、ノルチャら（Norscia et al., 2021）のグループがブタにおけるあくびの伝染を明らかにした。ブタも社会性は比較的高い動物である。この研究では、オスのあくびはメスのあくびよりも伝染しやすい、近くにいるブタのあくびほど伝染しやすい、兄弟のブタのあくびは伝染しやすいことなども明らかにされた。

なお、あまりここには関係ないことだが、ギャラップら（Gallup et al., 2019）は、チューインガムをかむことによって、あくびと同じような下顎収縮が生じ、これが脳を冷却するため、あくびの必要性が減少し、あくびの発生と伝染が抑制されることを示している。

Campbell, M. W., Carter, J. D., Proctor, D., Eisenberg, M. L., & de Waal, F. B. (2009). Computer animations stimulate contagious yawning in chimpanzees. *Proceedings of the Royal Society B: Biological Sciences*, *276*(1676), 4255-4259.

Gallup, A. C., & Engert, K. (2019). Chewing on gum alters the expression of contagious yawning. *Human Ethology*, *34*, 93-103.

Gallup, A. C., Swartwood, L., Militello, J., & Sackett, S. (2015). Experimental evidence of contagious yawning in budgerigars (Melopsittacus undulatus). *Animal Cognition*, *18*(5), 1051-1058.

Helt, M. S., Eigsti, I. M., Snyder, P. J., & Fein, D. A. (2010). Contagious yawning in autistic and typical development. *Child Development*, *81*(5), 1620-1631.

Norscia, I., Coco, E., Robino, C., Chierto, E., & Cordoni, G. (2021). Yawn contagion in domestic pigs (Sus scrofa). *Scientific Reports*, *11*(1), 1-12.

あくびが長いほど脳が重い

1　あくびの長さと脳の重さの関係

もとになった論文

Gallup, A. C., Church, A. M., & Pelegrino, A. J. (2016). Yawn duration predicts brain weight and cortical neuron number in mammals. *Biology Letters,* 12(10), 20160545.

あくびはなぜ存在するのかについてはいくつかの説がある。従来は、低下した血液中の酸素濃度を上昇させるためという考えが主流であったが、空気中の酸素や二酸化炭素の量を変えてもあくびの発生頻度に影響しないことから、現在では、頭蓋内の血液循環を盛んにし、脳を冷却して、大脳皮質の活動水準を高めるためにするという仮説が有力である。もし、あくびがこのような機能を担っているのだとすれば、脳が大きく、活動が盛んである動物ほど、あくびの必要性が増すことになる。これは逆にいえば、あくびのパターンを分析することによって、その動物の脳の大きさや活動性を予測できるということになる。これを実証したのがこの論文である。

まず、おもにインターネットサイトから、動物のあくびシーンを収集した。この中で、あくび開始からあくび終了までが計測可能であったビデオを計測対象とし、ストップウォッチで0・01秒単位まであくびの時間を測定した。最終的には、24分類群の177個体から205の完全なあくびが収集され、分析対象になった。

あくびが収集できた動物は、アフリカゾウ、ラクダ、オマキザル、猫、チンパンジー、犬、キツネ、テナガザル、ゴリラ、ハリネズミ、ウマ、人間、ライオン、マーモセット、マウス、オポッサム、ウサギ、ラット、アカゲザル、ヒツジ、リス、リスザル、セイウチ、シロガオオマキザルであった。

次に、このデータとロスとディック（Roth & Dicke, 2005）のデータとの相関が計算された。ロスとディックのデータとは、各種哺乳類の平均脳重量、脳化指数（EQ）、および皮質ニューロン数についてまとめられた論文のデータである。分析の結果、平均あくび持続時間は脳重量と高い相関があり（$\rho(19) = .911$, $p < .001$［注：スピアマンの順位相関係数］）、この関係は相対的な脳のサイズ（EQ）を考慮した後も有意なままであった。また、分類群間の皮質ニューロンの数とも高い相関があった（$\rho(12) = .951$, $p < .001$）。霊長類のあくびは他の哺乳類のあくびよりも有意に長かった（$Z = 2.129$, $p < .05$）。

2　あくびの長さと脳の重さの関係（犬編）

もとになった論文

Gallup, A. C., Moscatello, L., & Massen, J. J. (2020). Brain weight predicts yawn duration across domesticated dog breeds. *Current Zoology, 66*(4), 401-405.

この研究では、あくびと脳の重さの関連について犬のみを対象にして種内でもこの傾向が当てはまるのかを検討した。26種類の犬種について、ウェブサイトに投稿された犬のあくび動画を収集した。各犬種ごとに最低12匹の成犬のあくびシーンが収集された。最終的な分析対象は、23品種、198匹からの272のあくびであった。次にこれらのあくびの長さをストップウォッチで0・1秒単位で計測した。測定は2人の評価者が独立に行ない、評価者間の相関はr=.87であった。

次にそれぞれの犬種についての平均体重と平均脳重量のデータがホルシュラーら（Horschler et al., 2019）によるデータベースから取得され、その関連について分析された。サ

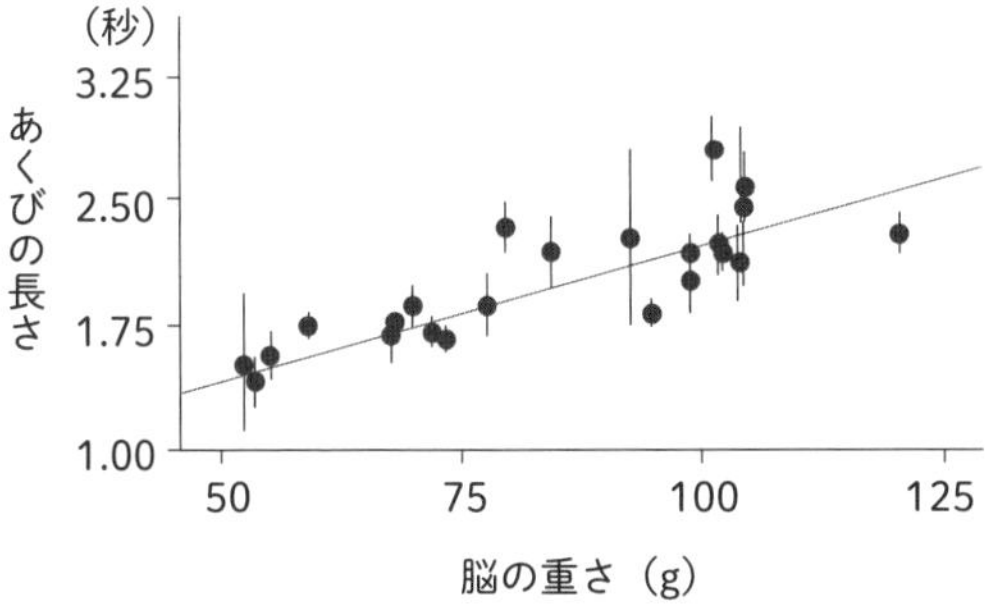

図　脳の重さとあくびの長さの関係

ンプル中のすべての犬の平均あくび時間は2・04±0・59秒だった。あくびの持続時間と品種間の脳重量の測定値の間には強い正の相関があった（平均持続時間：$r(23) = .819, p < .001$；最大持続時間：$r(23) = .703, p < .001$）。品種の脳と体重はサンプル全体で高度に相関していたので、体重の効果を統制した偏相関を算出したが、あくび持続時間は、やはり脳重量と有意に相関していた（平均持続時間：$r(20) = .535, p = .016$；最大持続時間：$r(20) = .374, p = .111$）。

解説と関連する研究

あくびと脳の大きさについてさまざまな種を含めた研究は興味深いが、さまざまな種を含んでしまうといろいろな要因が複雑に関連してきてしまう。そこで、本研究のように種内でこの傾向を確認する研究が現われた。犬の研究があれば、猫ということでネコ科の動物を対象にした研究が、近年、ギャラップら（Gallup, Crowe, & Yanchus, 2017）によって行なわれた。ネコ科動物の脳の重さ（そしてニューロンの数）は、ボブキャット＜チーター＜ヒョウ＜ジャガー＜ピューマ＜ライオン＜トラだが、この順序はあくびの平均時間や最大あくび時間と高い相関があった。

Gallup, A. C., Crowe, B., & Yanchus, M. (2017). Yawn duration predicts brain size in wild cats (Felidae).

International Journal of Comparative Psychology, *30*, 1-5.
Horschler, D. J., Hare, B., Call, J., Kaminski, J., Miklósi, Á., & MacLean, E. L. (2019). Absolute brain size predicts dog breed differences in executive function. *Animal Cognition*, *22*(2), 187-198.
Roth, G., & Dicke, U. (2005). Evolution of the brain and intelligence. *Trends in Cognitive Sciences*, *9*(5), 250-257.

泣いていると犬は慰めに来てくれる

もとになった論文

Custance, D., & Mayer, J. (2012). Empathic-like responding by domestic dogs(Canis familiaris) to distress in humans: An exploratory study. *Animal Cognition*, *15*(5), 851-859.

あくびが伝染するという行動の基礎には、他者への共感がある。人のあくびが犬に伝染するということは、犬は人の感情をある程度共感的に理解できるのであろう。

そこでこの研究では、人が楽しそうにしているときと泣いているときでそばにいる犬の反応が異なるのかについて分析した。実験はアメリカの北西部で18匹の飼い犬を使って行なわれた。このうち、10匹は雑種、残りがラブラドールやゴールデンレトリバーであった。犬に比較的ストレスがなく、自然な行動をとる可能性が高いことから、実験は飼い主の家の居間で行なわれた。ここに、実験者が訪

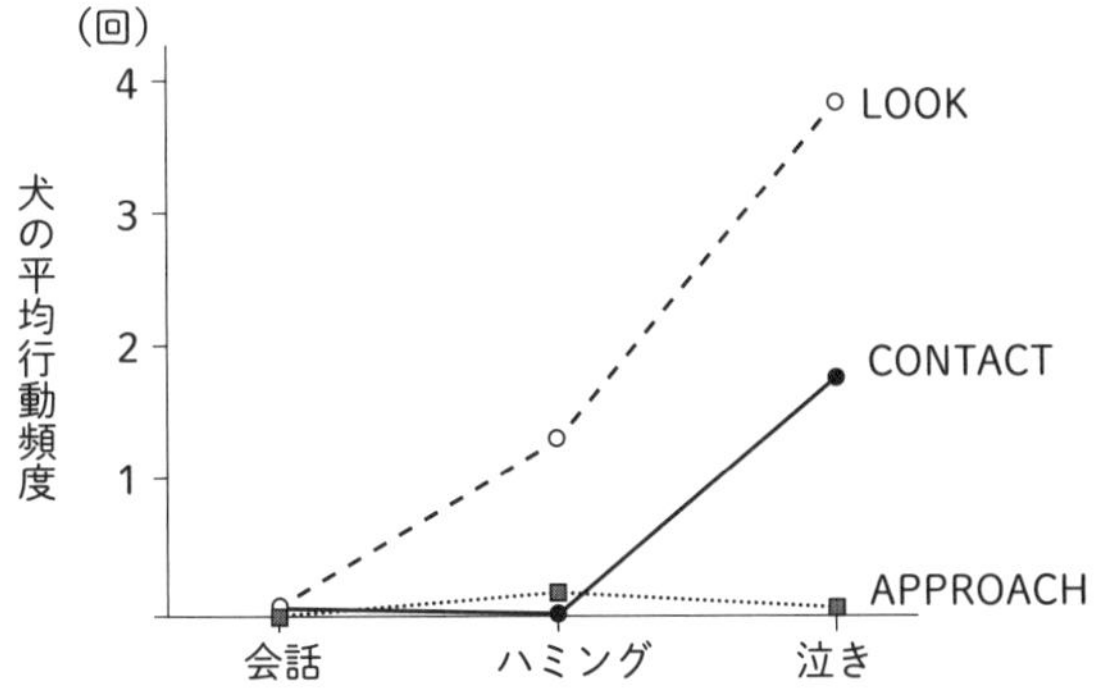

図　飼い主と実験者の行動と犬の行動の関係

問し、飼い主と実験者は、少なくとも2メートル離れて座った。実験者はその犬と初対面で、訪問してから実験を開始するまで、いっさい、犬に対して親密な態度をとらなかった。

　実験手続きが開始されると、飼い主と実験者は2分間会話をしたあとで、実験者、あるいは飼い主のどちらか（交互に行なう）が、ハミング（楽しそうな行動）をするか泣くふりをした。ハミング条件では、童謡「メリーさんの羊」を20秒間できる限り大声で歌った。泣く条件のときは、20秒間、声を出して泣くふりをした。この場合、前かがみになるか、顔を覆うことは許された。飼い主は実験中、名前で犬を呼んだり、犬を直接見たり、テスト中に物理的な接触（なでたり、触ったり）をしないように指示された。

　一連の犬の行動は、ビデオで録画されており、その後、5秒間隔のポイントサンプリングを行なって、そのときにしていた犬の行動をスコアリングした。スコアは、LOOK（人を見つめる）、APPROACH（人に近づいていく）、CONTACT（人をなめたり、匂いを嗅いだり、前足で触れたりする）のカテゴリーに分けられ、会話、ハミング、泣きの各条件における犬の行動が分析された。その結果、会話のときには、犬はほとんど人に注意を払わなかったのに対して、ハミングに対しては人に対して若干の注意を向け、泣き条件の場合には犬は人を見つめ、人に対して接触する行動を行なった。興味深いことに、これは相手が飼い主でも初対面の実験者でも同じであった。

次に泣いている人にCONTACTする犬の行動がより詳しく分類された。犬の行動を、CALM（リラックスしてニュートラルな行動）、SUBMISSIVE（軽い心配と懸念を示し、頭と体をやや低くし、しっぽを下げて左右に振る）、ALERT（警戒行動、尻尾を立て耳を立てる）、PLAYFUL（興奮してじゃれつく）に分類した。その結果、多く（15匹中13匹）の犬の行動は、SUBMISSIVEであった。

つまり、犬は人が悲しんで泣いているとそれが飼い主であるか否かにかかわらず、優しくその人に接近し接触するということがわかった。

解説と関連する研究

犬は人を慰めてくれるだけでなく、人と人との絆を強くしてくれる。たとえば、車椅子に乗った子どもなど障害をもった人は他人から目をそらされたり、距離をとられたりする。これは彼らに孤独感や疎外感を生じさせ社会適応を難しくすることがある。ところが、エディら（Eddy, Hart, & Boltz,

1988）やマーダーら（Mader, Hart, & Bergin, 1989）は、彼らが犬を連れていると、周りの人から声をかけられやすく、温かい視線や微笑みを受けやすくなることを示した。もちろん、障害者でなくても、犬を連れて歩いていると通行人や近所の人とのコミュニケーションが促進される。ただし、ウェルズ（Wells, 2004）はその場合、犬種が重要であることを指摘している。ラブラドールレトリバーを連れて歩いている場合には周りからの働きかけは増加するが、ロットワイラー（少し怖い感じの番犬）だとそれほど増加しなかった。連れて歩くなら、柔らかいイメージの犬がよいということである。

　このように、犬が人間にとってとてもよいパートナーであるということを示す研究は近年、非常に増加している。ルーニーら（Rooney, Bradshaw, & Robinson, 2000）は、犬は犬同士で遊ぶときよりも人間と遊ぶときのほうが競争的でなく、協調的に振る舞い、ロープやボールなどのおもちゃを占有し続けないで、人に譲りやすいということを明らかにしている。

Eddy, J., Hart, L. A., & Boltz, R. P. (1988). The effects of service dogs on social acknowledgments of people in wheelchairs. *The Journal of Psychology*, *122*(1), 39-45.

Mader, B., Hart, L. A., & Bergin, B. (1989). Social acknowledgments for children with disabilities: Effects of service dogs. *Child Development*, 1529-1534.

Rooney, N. J., Bradshaw, J. W., & Robinson, I. H. (2000). A comparison of dog–dog and dog–human play behaviour. *Applied Animal Behaviour Science*, *66*(3), 235-248.

Wells, D. L. (2004). The facilitation of social interactions by domestic dogs. *Anthrozoös*, *17*(4), 340-352.

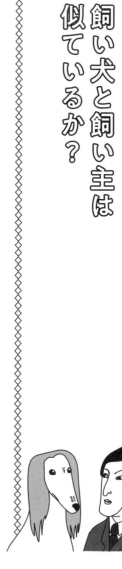

飼い犬と飼い主は似ているか？

1　飼い犬と飼い主は似ている

もとになった論文

Roy, M. M., & Nicholas, J. C. (2004). Do dogs resemble their owners?. *Psychological Science, 15*(5), 361-363.

この研究では、飼い犬とその飼い主は似ているのかという問題について検討されている。これを検討するための方法としては犬と飼い主の顔の類似度を直接評価させるという方法もありうるが、この研究では、犬の顔写真と飼い主の顔写真を別々に撮影して、それらをマッチングができるかどうかという方法で検討した。実験者は3か所のドッグパークをめぐって、犬の飼い主に声をかけ、それぞれ15組ずつ合計45組の犬と飼い主の顔写真を収集した。そして、それぞれの犬をどのくらいの期間飼っているのかといった情報を収集した。集めた写真から画像処理ソフトで背景を取り除いたものを実験に用いた。飼い主の平均年齢は36歳、24人が女性で21人が男性であった。犬は、雑種が20匹、純血種が25匹（15種類）で平均飼育期間は、2・9年であった。

実験に参加したのは28人の学部学生。彼らにまず飼い主の写真を見せ、次にその飼い主が飼っている犬と他の犬の2枚の写真を呈示し、この飼い主はどちらの犬を飼っているのかについて判断させた。分析の結果、雑種ではチャンスレベルしか正答しなかった。具体的には20ペアのうち、正解が多かったもの7ペア、正解と不正解が同数だったもの4ペア、不正解が多かったもの9ペアであった（$\chi^2(2) = .64$ *n.s.*）。しかし、純血種では25ペアのうち、正解が多かったもの16ペア、正解と不正解が同数だったもの0ペア、不正解が多かったもの9ペア（$\chi^2(2) = 6.75$ $p < .05$）で有意に正答する場合が多かった。また、飼育期間とマッチング正答率の間には有意な相関は見られなかった。

次にこのようなマッチングはなぜ可能なのかを検討するために、3人の大学生が、飼い犬と飼い主の毛の量（けむくじゃら度）、大きさ、顔つきの鋭さ、魅力、親しみやすさ、活力の有無について評価し、それらの相関を算出したが有意な差は見つけられなかった。理由はよくわからないが、なぜか純血種だと飼い主と飼い犬は似ているらしいことが示された。

2　飼い犬から飼い主を当てることができる

もとになった論文

Payne, C., & Jaffe, K. (2005). Self seeks like: Many humans choose their dog pets following rules used for assortative mating. *Journal of Ethology*, 23(1), 15-18.

この研究では、カラカスの国際ドッグフェアの参加者の中から、前述のロイとニコラスの研究（Roy & Nicholas, 2004）と同様に、飼い主と飼い犬の写真を撮影した。犬はすべてが純血種であった(国際ドッグフェア参加犬ゆえか)。画像処理ソフトで背景画像を消し、36ペアの写真を実験に用いることにした。これらの36ペアの写真を6ペア（12枚）ずつ6個のグループに分け、シャッフルしたうえで、さまざまな年齢層の実験参加者に呈示した。実験参加者はこの12枚の写真について、飼い主と飼い犬のマッチングを行なった。結果を上の図に示す。横軸はマッチングの正答数、縦軸はその割合を示す。もし、この

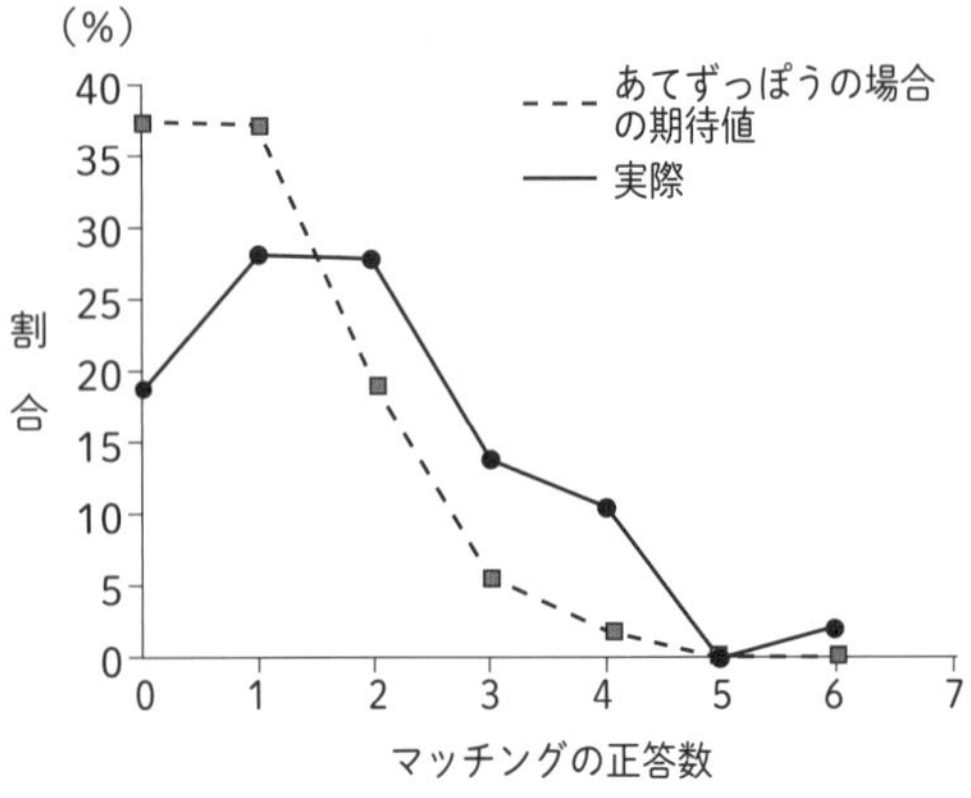

図　飼い犬と飼い主のマッチング実験の結果

マッチングが偶然の正答率であれば、統計学的に図の点線のような分布が得られるはずであるが、実際は実線のような分布となり、チャンスレベルよりも正答率は高くなった。これは、飼い犬と飼い主のマッチングが偶然以上の確率でできることを示している。

3　飼い犬と飼い主は目が似ている

もとになった論文

Nakajima, S. (2013) Dogs and owners resemble each other in the eye region, *Anthrozoös*, 26(4), 551-556

飼い主と飼い犬が似ているならば、顔のどの部分が手がかりになっているのか。まず、犬とその飼い主をペアにした写真対が作成された。半数は実際の飼い主であり、残りは写真を並べ替えてつくったもので、実際の飼い主でない人物と犬がペアになったものであった。実験は2つの写真対、一つは実際の飼い主―飼い犬、もう一つは実際の飼い主でない人物―犬を組み合わせたものを見せて、似ているペアを選択するという手続きで行なわれた。もし、飼い主と飼い犬が似ていないのならば選択は偶然行なわれることになるので、実際の飼い主―飼い犬のペアが選ばれる率は50％（チャンスレベル）になるはずであるが、もし、似ているのであれば、この確率は上がることになる。この手続きで、表の4つの条件で実験が行なわれた。マスクというのはその部分が隠されていることをさす。結果、目

表　各実験におけるマッチングの正答率（チャンスレベル 50%）

	正答率
実験 1	
マスクなし	80%
目の領域がマスクされている	50%
口の領域がマスクされている	73%
実験 2	
マスクなし	70%
飼い主の目がマスクされている	52%
飼い犬の目がマスクされている	47%
実験 3	
飼い主と飼い犬の目だけ	74%
実験 4	
マスクなし	67%
飼い主と飼い犬の目だけ	76%

の部分がマスクされると正答率はチャンスレベルとなったが、それ以外の条件ではチャンスレベル以上の正答率が得られた。また、飼い主と飼い犬の目の部分だけのペアを見せる実験でも76％が実際の飼い主―飼い犬のペアを似ていると判断した。つまり、犬と飼い主は目の付近が最も似ているということがわかった。

4　車は車の持ち主と似ている（そして飼い犬とも）

もとになった論文

Stieger, S., & Voracek, M. (2014). Not only dogs resemble their owners, cars do, too. *Swiss Journal of Psychology*, 73(2), 111–117

犬と飼い主が似ているのであれば、車とそのオーナーも似ているのではないか。そこで、スティーガーとヴォラチェック（Stieger & Voracek, 2014）は、犬—飼い主のマッチングと同じような方法を使って、車からそのオーナーをチャンスレベル以上に推測できるかどうかについて検討した。実験参加者には一台の車のフロントビューと6人の人物（男性3人、女性3人、この中の一人が実際の車のオーナー）の写真が呈示され、参加者はこの車のオーナーだと思われる順に1～6の番号を割り振った。実際のオーナーに何番の番号が割り振られたかが採点された。

第1実験では、160人の実験参加者がこの課題を行なったところ、実際のオーナーは1番に割り振られることが最も多く、6番に行くに従って減少した。

第2実験では、130人の実験参加者に対して、車のフロントビューだけでなく、サイドビューとバックビューの条件がつけ加えられた。その結果、フロントビューではやはり、オーナーの推測がチャンスレベル以上でできたにもかかわらず、サイドとバックではできなかった。車種はサイドやバックビューからも認識可能なため、車のタイプやそのステレオタイプ（たとえば、男はオフロードカーに乗りやすい）だけでは、この効果は説明できず、やはり車の顔（フロントビュー）が重要であることがわかった。第3実験では、これらの条件に加えて、オーナーの飼い犬と車の類似性についての評価も行なわれた。その結果、飼い犬が純血種だった場合、車のフロントビューからオーナーの飼い犬をチャンスレベル以上で推測することができることがわかった。つまり、車のフロントビューはオーナーだけでなくその飼い犬とも似ているのである。

ちなみに車から持ち主を推定できるかを最初に検討したのは、アルファースとゲルデス（Alpers &

Gerdes, 2006）である。この研究では、コンパクトカーからラグジュアリーカーまで60台の車とそのオーナーについて同様のマッチング課題が行なわれた、実験参加者は車の写真を見て、オーナーとランダムに選ばれた他の1人の顔写真を見て、どちらがオーナーかを当てた。チャンスレベルは50％だが、実際には68％が正解した。

解説と関連する研究

飼い主と飼い犬の類似性に関する研究である。ここで取り上げた研究では外見の類似性についての研究が取り扱われていた（ちなみに現状では、飼い主と飼い猫の外見的類似性についての研究は報告されていない）が、いくつかの研究は飼い犬のタイプと飼い主の性格の関連に関心を向けている。その中で最もよく研究されているのは、飼い犬のタイプと飼い主の攻撃性、反社会的行動との関連である。このタイプの研究では、一般に攻撃的（あるいは凶暴）と考えられている犬を飼っている人と温和であると考えられている犬を飼っている人の性格や行動が比較される。ちなみに、攻撃的な犬として取り上げられるのは、ジャーマンシェパード、ロットワイラーなどで、温和（非攻撃的）な犬として取り上げられるのは、ラブラドールレトリバー、ゴールデンレトリバーなどである。

この問題を最初に扱ったバーンズら（Barnes et al., 2006）では、攻撃的な犬を飼っている飼い主のほうが、より攻撃的な犯罪、麻薬、アルコール、家庭内暴力、子どもを巻き込んだ犯罪、銃器の有罪判決、および交通違反で有罪になった経験が多いことが示された。また、ラガッツら（Ragatz et al., 2009）は、バーンズらの研究を追試して確認し、ウェルズとヘッパー（Wells & Hepper, 2012）は、攻撃的な犬の飼い主は温和な犬の飼い主よりもアイゼンク性格尺度におけるPsychoticismの得点が高いことを示した。飼い犬は飼い主の性格を表現する一手段なので、人は自分の性格を犬を通じて表出しているのかもしれない。近年、犬のパーソナリティについての研究が急激に発展してきたことから、今後より詳細な研究が期待される。

Alpers, G. W., & Gerdes, A. B. (2006). Another look at “Look-Alikes”: Can judges match belongings with their owners?. *Journal of Individual Differences*, 27(1), 38-41.

Barnes, J. E., Boat, B. W., Putnam, F. W., Dates, H. F., & Mahlman, A. R. (2006). Ownership of high-risk (“vicious”) dogs as a marker for deviant behaviors: Implications for risk assessment. *Journal of Interpersonal Violence*, *21*(12), 1616-1634.

Ragatz, L., Fremouw, W., Thomas, T., & McCoy, K. (2009). Vicious dogs: The antisocial behaviors and psychological characteristics of owners. *Journal of Forensic Sciences*, *54*(3), 699-703.

Wells, D. L., & Hepper, P. G. (2012). The personality of “aggressive” and “non-aggressive” dog owners. *Personality and Individual Differences*, *53*(6), 770-773.

コラム

疑わしい研究慣習（QRPs: questionable research practices）

オモシロ論文を読んでいく場合、問題になってくることの一つはそれがどの程度妥当なものであるかということである。とくに問題なのが、再現性がない研究が少なくなく存在している（これはオモシロ論文に限られたことではない）ことである。結果が妥当でない論文としては、まず、データのねつ造や改変というものがあるが、これは明確な不正行為である。それ以外に問題になってくるのは、疑わしい研究慣習といわれている現象である。これはねつ造ではないものの論文作成プロセスにおいてグレー（あるいはブラック）な手法を用いているケースである。心理学では、有意差検定で結論が出されることが多いが、いずれもこの有意差検定をすり抜けるための方法である。疑わしい研究慣習に関する問題は論文からは見抜くのが困難である。具体的には以下のような方法が指摘されている。

①ポストホックなストーリーづくり

探索的に実験して、たまたま得られた結果について、はじめからそのような結論を仮説として設定したように論文を構成する。

②データの選択

収集したデータの一部分のみ（とくに有意差が認められた部分のみ）を報告し、他の部分（従属変数や独立変数を含む）を意図的に報告しない。

③恣意的なデータ収集の中止

継続的にデータを収集し、有意差が出るまで繰り返す。あるいは有意差が得られたところでデータ収集を停止する。

④外れ値の恣意的な削除

思いどおりの結果にならない方向に外れているデータを意図的に「外れ値」として削除する。

その五

あんがい繊細なココロとカラダ

駐車場に次の車が並んでいるとわざとゆっくり発車する

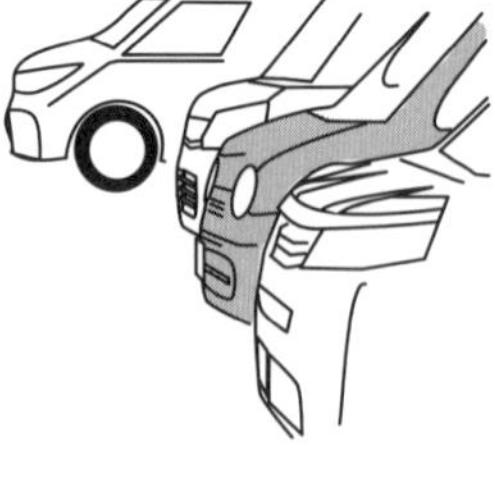

もとになった論文

Ruback, R. B., & Juieng, D. (1997). Territorial defense in parking lots: Retaliation against waiting drivers. *Journal of Applied Social Psychology*, 27(9), 821-834.

自分のパーソナルスペースが侵害されると人は不快感を味わい、そこから早く離脱したくなることが明らかになっている。しかし、一方で自分があるスペースを現在占有しており、他人がそこに侵入しようとしている場合、われわれは自分のスペースの占有を防衛して他人をできるだけ侵入させないという行動をとる場合がある。これはテリトリー防衛行動といわれる。このテリトリー防衛行動をフィールドで実証した実験を以下に示す。

第1実験は、観察研究である。アトランタのショッピングモールの正面玄関前の駐車スペースに停車している車200台を観察した。測定したのは、停車している車に所有者が帰ってきて、ドアに手をかけてから車を駐車スペースから完全に出すまでの時間である。200台のうち、男性ドライバーは97人、女性ドライバーは103人であった。この200台のうち、36％の72台のケースでは、駐車スペースが空くのを別の車が待って並んでいた。この状態を「侵入あり」とした。侵入ありの場合、車の持ち主の頭の向きから、待っている車がいることを車の所有者が認識していることを確認した。

分析は、乗車人数×侵入の有無、で行なわれた。まず、侵入されていない場合（平均32・15秒）は、侵入ありの場合（平均39・03秒）よりも早く出発することがわかった（$F(1, 196) = 10.43, p < .001$）。また、一人しか乗っていない場合（平均30・64秒）に比べて同乗者がいる場合（平均37・45秒）に発車が遅れた。侵入の有無と乗車人数の間に有意な相互作用はなかった。

第2実験は介入研究である。アトランタの第1実験のフィールドよりやや高級なショッピングモールで実験が行なわれた。やはり入り口近くの駐車スペースにある車について車の持ち主が車のドアを開けてから駐車スペースを出るまでの時間を測定した。第1実験に加えて2つの条件がつけ加えられた。一つは侵入車のグレードで、ステータス低条件（日産マキシマステーションワゴン）か、ステータス高条件（インフィニティQ45かレクサスSC400）、もう一つが高侵入（侵入車は少しスペースを空けて停車しており、車の持ち主が車に乗ったらクラクションを鳴らす）か、低侵入（クラクションは鳴らさない）条件であった。今回の実験では、結局6つの条件が用いられた。（1）侵入なし、（2）車の持ち主がシートに座るタイミングで実験者の車がその前を通り過ぎるだけ、（3）高ステータス、高侵入、(4)低ステータス、高侵入、(5)高ステータス、低侵入、(6)低ステータス、低侵入である。もちろん、実験の順序はランダマイズされていた。

結果、侵入ありの場合(平均34・88秒)は、侵入なしの場合(平均26・47秒)よりも発車により長い時間がかかった。またクラクションを鳴らした場合(平均42・75秒)は、鳴らさなかった場合(平均30・80秒)よりも発車により長い時間がかかった。男性の場合には、高ステータス車(平均30・39秒)の場合に低ステータス車(平均39・72秒)よりも早く発車したが、女性の場合、車のステータスで差は生じなかった(ただしステータスの判断ができなかった可能性あり)。

解説と関連する研究

テリトリー防衛行動に関しては、いくつかのフィールド研究でこの現象が確認されている。たとえば、ルバックら(Ruback, Pape, & Doriot, 1989)は、アトランタ大都市圏6か所(3つの病院、2つのショッピングセンター、ジョージア州立大学のラウンジ)、ジョージア州西部の田舎2か所(コンビニエンスストアの外)、および西ドイツ1か所(ミュンヘンの鉄道駅)の公衆電話で、一般の人の電話行動を観察した。その結果、自分の後ろに人が並ぶと誰もいないときに比べて電話の時間が長くなることが示された。

ところが一方、この現象を再現していない研究もある。たとえば、ATM（Stemigl & Kim, 2011）や女子トイレの個室（Cormier et al., 2017）を使用した追試では他人が待っていることによる利用時間の延長効果は見られなかった。

また、自分のテリトリーに他者が入ろうとしている場合、自分と同じ社会的グループ（たとえば、国籍、人種、所属集団など）よりも自分と異なる社会的グループの場合にテリトリー防衛行動が増加することが予想される。ルバックとスノー(Ruback & Snow, 1993)は水飲み場で水を飲んでいるとき、自分と異なる人種の人が並んだ場合、同じ人種の人が並んだ場合に比べて、より水を飲んでいる時間が長くなることを示してこの予想を検証している。

Cormier, B., Langille, L., Daley, S., Roddi, J., Blanchard, J., Metzen, K., & Fisher, M. (2017). Is this stall taken? Territoriality in women's bathroom behavior. *EVoS: The Journal of Evolutionary Studies Consortium*, *8*(3), 16-23.

Ruback, R. B., Pape, K. D., & Doriot, P. (1989). Waiting for a phone: Intrusion on callers leads to territorial defense. *Social Psychology Quarterly*, 232-241.

Ruback, R. B., & Snow, J. N. (1993). Territoriality and nonconscious racism at water fountains: Intruders and drinkers (Blacks and Whites) are affected by race. *Environment and Behavior, 25*(2), 250-267.

Stemigl, M., & Kim, H. Y. (2011). Waiting for an ATM: Territorial behavior at automated teller machines. *Sentience*, *4*, 8-10.

祈りは心臓手術の成功率を高めるか

もとになった論文

Benson, H., Dusek, J. A., Sherwood, J. B., Lam, P., Bethea, C. F., Carpenter, W., ... & Drumel, D. (2006). Study of the therapeutic effects of intercessory prayer (STEP) in cardiac bypass patients: a multicenter randomized trial of uncertainty and certainty of receiving intercessory prayer. *American Heart Journal, 151*(4), 934-942.

「病気が治るように」、あるいは「手術が成功しますように」といったお祈りはわれわれもよくする。神社に行けば、それ用の専門のお守りも売っている。ただし、われわれの多くはそれについて科学的に検証しようなどとは思わないのがふつうである。しかし、海外ではやはり医療には、エビデンスが必要ということで、祈りの効果、とくに他人のために祈ること（とりなしの祈り）が実際に効果があるのかについての研究が、しばしば行なわれている。とくにこの分野の研究が取り上げるのは心臓手術が多い。

これらの研究の中で最も大規模なものの一つがベンソンら（Benson et al., 2006）によって行なわれたSTEPプロジェクトで、この研究では1802人の心臓バイパス手術を受ける患者が対象になった（平均年齢は64歳、もちろん、彼らは全員が宗教を信じていて、約60%がプロテスタント、約27%がカトリック、残りが他の宗派であった）。彼らは3つのグループにランダムに振り分けられた。第1と第3のグループは、手術前夜から2週間後まで修道士たちがその患者が無事に治るように祈った。修道士たちは患者と面識はない。第3のグループにはその事実が患者に伝えられていたが、第1のグループには伝えられていなかった。第2のグループは統制群で祈りもなければ、もちろん祈りの事実も伝えられなかった。

調査の結果、祈りありグループと祈りなしグループの間には、生存率や合併症罹患率には、差は見られなかった。詳細に分析してみたところ、祈りを受けていることを知らされたグループで、手術後に不整脈などの合併症を起こす割合が高いことがわかった。つまり、誰かが自分のために祈っているということを知ることは逆効果になってしまったのである。

解説と関連する研究

日本人にはあまりピンとこないかもしれないが、（とりなしの）祈りが実際に効果があるのかについての研究は、信仰心が厚い国では、よく行なわれており、ランダム化比較試験などがかなり大まじめに行なわれている。厳密な統制条件を用いた研究がいくつか行なわれているため、メタ分析研究も可能である。その中で最も信頼性が高いのがコクラン計画の一つとして実施されたロバーツら(Roberts et al., 2009) らによる研究である。ここでは、ベンソンらの研究も含めた10編の論文が分析されている。疾病は、心臓疾患だけでなく、白血病、感染症、アルコール乱用、精神疾患、リウマチなどが含まれていた。しかし、メタ分析の結果、祈りの効果は検出されなかった。

ただし、二重盲検法の使用などある程度信頼できる研究計画下において、(とりなしの) 祈りが効果を示した研究がいくつか報告されており、信仰が深い人々の間で、それらの研究の影響力は大きい。たとえば、チャら(Cha, Wirth, & Lobo, 2001) の祈りによって体外受精の成功率が倍(祈りなし群26%、祈り群50%) になったという研究はいまでもしばしば引用される。

Cha, K. Y., Wirth, D. P., & Lobo, R. A. (2001). Does prayer influence the success of in vitro fertilization-embryo transfer?: Report of a masked, randomized trial. *Journal of Reproductive Medicine*, 46(9), 781-787.

Roberts, L., Ahmed, I., & Davison, A. (2009). Intercessory prayer for the alleviation of ill health. *Cochrane Database of Systematic Reviews*, 2000(2),CD000368.

偽薬を偽薬だと言って投与しても効く

もとになった論文

Schaefer, M., Sahin, T., & Berstecher, B. (2018). Why do open-label placebos work? A randomized controlled trial of an open-label placebo induction with and without extended information about the placebo effect in allergic rhinitis. *PLoS ONE, 13*(3), e0192758.

プラセボ効果は、投与された薬が実際に効くと思う誤解（心理的効果）によって生じると思われている。とするならば、あらかじめその薬が偽薬（プラセボ）であり、効果がないと言って与えられれば、当然、プラセボ効果は生じないということになる。しかし、実際はそれを偽薬であると言って投与しても（この条件をオープンラベルプラセボ条件という）治療効果があることが知られている。

研究対象者は、チラシやソーシャルメディアで募集された18～60歳のアレルギー性鼻炎の患者46人である。彼らは、ランダムに2つのグループに分けられた。実験群はオープンプラセボ群で「あなたには、

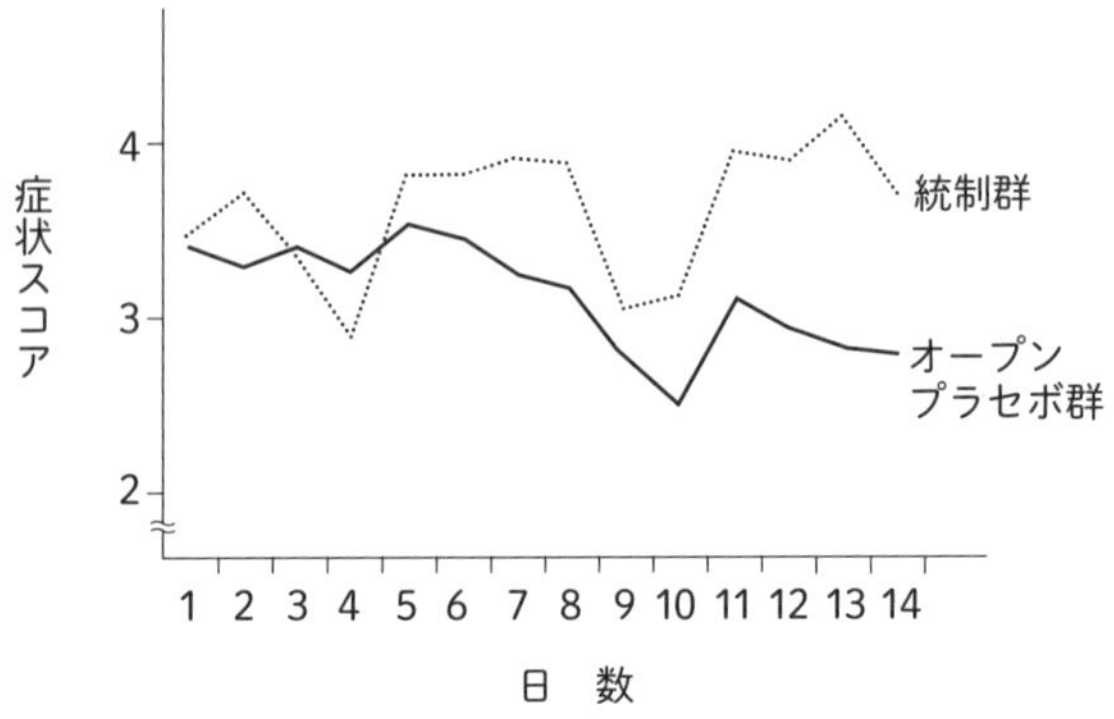

図　プラセボ投与後の症状スコアの変化

偽薬を飲んでもらいます。この錠剤の中には薬の成分はまったく含まれていません。しかし、プラセボ効果というものがあり、心理的な条件づけによって症状が改善される可能性もあります」と教示された。彼らには砂糖、小麦とコーンスターチ、ブドウ糖シロップによってつくられた白い約4ミリの円形の錠剤が与えられた。これに対して統制群にはなにも与えられなかった。

それぞれのグループはその後、14日間にわたって、就寝前に鼻のかゆみや皮膚や目の炎症、不快感、くしゃみなどの症状について、7段階で評価を行ない、それらの複合スコアが症状の程度を示す値として計算された。

その結果、統制群は14日間で症状の改善が見られなかったのに対して、プラセボ群では有意に症状が改善した。時間別にこの効果を見てみると、プラセボ群でも投与からおよそ6日目頃から、効果が現われていることがわかった。また、鼻や目だけでなく、皮膚や呼吸などすべての症状に関してプラセボ群で改善が見られた。

解説と関連する研究

オープンラベルプラセボに効果があることは、多くの研究によって検証されている。このメカニズムとしては古典的条件づけなどさまざまなものが考えられるが、現在のところ、明確な理論的な説明はできていない。実証的なデータと理論的な検証についての包括的なレビューとしてカプチャック（Kaptchuk, 2018）がある。

その他、プラセボ効果については数多くの興味深い研究が行なわれている。たとえば、ウェーバー（Waber et al., 2008）は、値段の安い偽薬よりも高い偽薬のほうが効果があることを示している。プラセボ効果と関連する現象としてノセボ効果が知られている（Planès, Villier, & Mallaret, 2016）これは偽薬を飲むことによって実際には発生しないはずの副作用が生じることである。

Kaptchuk, T. J. (2018). Open-label placebo: Reflections on a research agenda. *Perspectives in Biology and Medicine*, 61(3), 311-334.

Planès, S., Villier, C., & Mallaret, M. (2016). The nocebo effect of drugs. *Pharmacology Research & Perspectives*, 4(2), e00208.

Waber, R. L., Shiv, B., Carmon, Z., & Ariely, D. (2008). Commercial features of placebo and therapeutic. *Journal of the American Medical Association*, 299(9), 1016-7.

ポケモンGOは健康を増進させる

もとになった論文

Howe, K. B., Suharlim, C., Ueda, P., Howe, D., Kawachi, I., & Rimm, E. B. (2016). Gotta catch'em all! Pokémon GO and physical activity among young adults: Difference in differences study. *British Medical Journal*, 355.

ポケモンGOは、スマートフォン向け位置情報ゲームアプリの一つでスマートフォンのGPS機能を使用しながら実世界に埋め込まれたポケモンのキャラクターを発見して獲得していくゲームである。また、ポケモンの育成や交換、バトル、チームバトルができたり、さまざまなアイテムを獲得することができる。このゲームは公開と同時に世界中でブームを巻き起こし、多くのユーザーがプレイしている。

ポケモンGOをプレイするためには屋外を探索する必要があるために、運動量を増加させたり、自

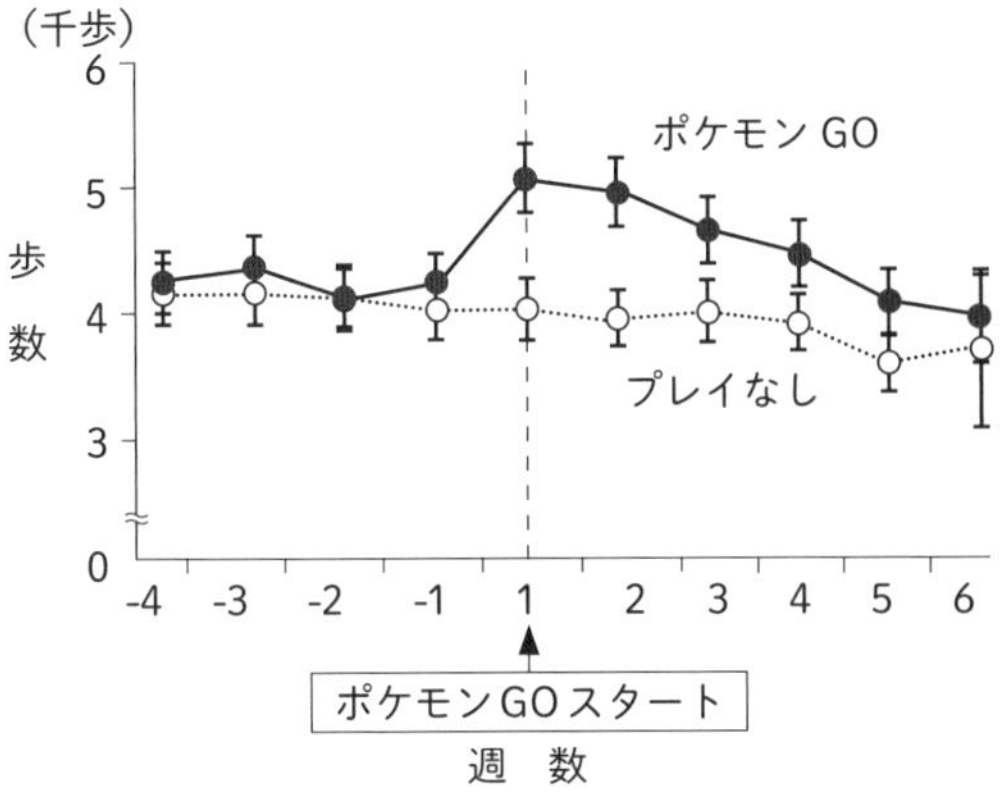

図　ポケモン GO リリース前後の一日当たりの平均歩数

宅でのひきこもりやうつ病を改善する効果があるのではないかと指摘され、実際にそのエビデンスを報告する研究も少なくない。本論文はそのさきがけとなったものであり、ポケモンGOの公開前後でユーザーの運動量（一日あたりの歩数）が増加したことを明らかにした研究である。

参加者は、アメリカ在住の18〜35歳の1182人。このうち、560人がポケモンGOをプレイしている。プレイしていない参加者は統制群とされた。ポケモンGOリリースの4週間前から6週間後までの1日あたりの歩数についてiPhoneのアプリの歩数記録が調査された。

その結果、ポケモンGOをプレイしている参加者は、ゲームがリリースされる前の4週間に毎日平均4256歩歩いていたのに対して、ポケモンGOリリース後、最初の週には、一日あたりの歩数が、平均955歩［697, 1213］［注：95％信頼区間］増加した。これに対して、ポケモンＧＯをプレイしていない統制群ではほとんど変化は見られなかった。ただし、この増加については、次の5週間で徐々に減少し、リリース後6週間までに、以前のレベルにもどった。この効果は、居住地域、性別、年齢、人種、体重等によって違いはなかった。

解説と関連する研究

ゲームといえば、その悪影響が語られがちであるが、最近の研究はむしろ、そのポジティブな側面に注目しているものが多い。

ポケモンＧＯは、世界中でヒットし、かつそのゲーム方式が新しかったことから関連する多くの研究が行なわれた。ここで紹介した研究では、ポケモンＧＯによる運動増加効果は比較的短期間しか持続しなかったが、その後の研究では、ほとんどの研究がある程度長期間にわたるポケモンＧＯの健康増進効果を明らかにしている。たとえば、カチマレクら（Kaczmarek et al., 2017）は、ポケモンＧＯをプレイすることが、屋外で過ごす時間と身体的活発性を増加させ、より健康に寄与することを示し、これをピカチュウ効果と名づけた。

その他のゲームで認知機能に与えるポジティブな効果の研究として取り上げられることが多いのは、スーパーマリオ３Ｄである。たとえば、クレメンソンとスターク（Clemenson & Stark, 2015）は、風景写真などの日常場面の偶発記憶課題やディスプレイ上で操作する水中迷路課題などの成績がスーパーマリオを2週間にわたって1日30分ずつプレイすることによって向上することを示している。また、クーンら（Kühn et al., 2014）は、1日30分以上2か月間のスーパーマリオのプレイによって、脳の右海馬体（HC）、右背外側前頭前野（DLPFC）、および両側小脳に有意な灰白質（GM）の増加が見られることを明らかにした。

Ｗｉｉはそれが身体的な活動を伴うゲームシステムであることから運動や健康増進との関係が議論される場合が多い。興味深いのは高齢者に対するＷｉｉの効果を検討した研究である。高齢者に対するＷｉｉのポジティブな効果は身体的、認知的な側面よりも、そのゲームが社会的な相互作用を増加させることにあるらしい（つまり、みんなで楽しくできるという点である）。たとえば、Ｗｉｉのボウリングトーナメントゲームをすることにより家族との絆が深まり孤独が減少するという研究（Schell et al., 2016）や、コミュニティ活動でＷｉｉを導入することによって、とくに心理的な健康が増進するという研究が行なわれている（Wollersheim et al., 2010）。

また、暴力ゲームは一般に攻撃行動を促進するものが多いが、協力プレイが必要な暴力ゲームにおいては、協調的な行動や援助行動が促進され、この効果が攻撃促進効果を打ち消す可能性があることが最近のいくつかの研究で示されている。たとえば、ヴェレスら（Velez et al., 2016）は、「Halo: Reach」というＳＦバトルゲームを使ってこれを検証している。

Clemenson, G. D., & Stark, C. E. (2015). Virtual environmental enrichment through video games improves hippocampal-associated memory. *Journal of Neuroscience*, *35*(49), 16116-16125.

Kaczmarek, L. D., Misiak, M., Behnke, M., Dziekan, M., & Guzik, P. (2017). The Pikachu effect: Social and health gaming motivations lead to greater benefits of Pokémon GO use. *Computers in Human Behavior*, *75*, 356-363.

Kühn, S., Gleich, T., Lorenz, R. C., Lindenberger, U., & Gallinat, J. (2014). Playing Super Mario induces structural brain plasticity: Gray matter changes resulting from training with a commercial video game. *Molecular Psychiatry*, *19*(2), 265-271.

Schell, R., Hausknecht, S., Zhang, F., & Kaufman, D. (2016). Social benefits of playing Wii Bowling for older adults. *Games and Culture*, *11*(1-2), 81-103.

Velez, J. A., Greitemeyer, T., Whitaker, J. L., Ewoldsen, D. R., & Bushman, B. J. (2016). Violent video games and reciprocity: The attenuating effects of cooperative game play on subsequent aggression. *Communication Research*, *43*(4), 447-467.

Wollersheim, D., Merkes, M., Shields, N., Liamputtong, P., Wallis, L., Reynolds, F., & Koh, L. (2010). Physical and psychosocial effects of Wii video game use among older women. *International Journal of Emerging Technologies and Society*, *8*(2), 85-98.

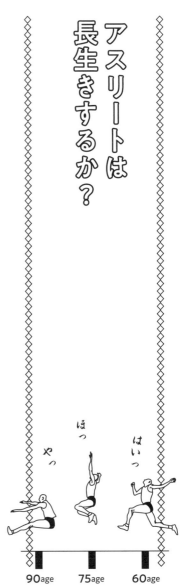

アスリートは長生きするか？

1　アスリートは長生きする

もとになった論文

Abel, E. L., & Kruger, M. L. (2005). Longevity of major league baseball players. *Research in Sports Medicine, 13*(1), 1-5.

自分の健康状態に留意し、適度な運動を維持することは健康にいい、そして寿命を延ばす、というのはもちろん常識であるが、なかなか持続して運動を続けていくのは難しい。しかし、職業的な運動選手は、常に自分の身体や健康に留意し、定期的な運動を欠かさないと思われる。とすると、アスリートは寿命が長いのではないかという仮説が導かれる。いわば「アスリートは長生き仮説」である。一

表　1900～1919年にデビューした選手の守備位置による寿命

ポジション	変数	平均	*n*
内野手	死亡年齢[1] 平均死亡年齢[2]	69.2 63.6	652
外野手	死亡年齢 平均死亡年齢	68.3 63.5	539
キャッチャー	死亡年齢 平均死亡年齢	68.0 63.6	295
ピッチャー	死亡年齢 平均死亡年齢	67.6 63.4	1,073

1 実際の死亡年齢
2 同世代の人の平均死亡年齢（Berkelev, 2004による）

方で彼らは過度な運動と肉体の故障も多いので逆に寿命は短くなるという考え方もできる。では、どちらが正しいのだろうか。

この問題を検討したのが、本研究である。1900～1919年にデビューした2604人のメジャーリーガーの生まれ年や寿命、現役時代のポジションや現役年数などのデータが収集され、分析が行なわれた。分析は、内野手、外野手、キャッチャー、ピッチャーの4つのカテゴリーに分けて行なわれた。その結果、すべてのポジションカテゴリーでその年代の人の平均的な寿命よりも4～5年程度メジャーリーガーの寿命が長いことがわかった。

では、現役での活躍年数と寿命はどのような関係にあるのだろうか。これを明らかにするために、彼らは、次に範囲をさらに20年増やして、1900～1939年のメジャーリーガー4492人について同様の研究を行なった(Abel & Kruger, 2006)。その結果、やはりメジャーリーガーは、同じ年齢層の対照群に比べて、平均寿命が4・8歳（標準偏差15・0）長いことがわかった。また、現役時代の活躍年数が多くなればなるほど、寿命も長くなることがわかった。

2　早成したメジャーリーガーは早く死ぬ

もとになった論文

Abel, E. L., & Kruger, M. L. (2007). Precocity predicts shorter life for major league baseball players: Confirmation of McCann's precocity-longevity hypothesis. *Death Studies*, *31*(10), 933-940.

早成した、つまり早くデビューしたメジャーリーガーの寿命についての研究である。この問題に関して、はじめて言及したのは、マッキャン（McCann, 2001）である。彼は、世界中の政治家や首相、ノーベル賞受賞者などのデータを集め、その寿命について分析したところ、若くして大成したものは早死にする傾向にあるということを示した。これを彼は、早成―寿命仮説（The precocity-longevity hypothesis）と名づけた。この仮説が政治家や学者でなく、メジャーリーガーでも当てはまるのかを検討したのが、本論文である。

研究ではまず、死亡しているメジャーリーガーの、死亡年、生年、デビュー年、BMIなどのデータが収集された。集めた選手は3760人で、この中には暴力事件に巻き込まれて殺された人などは入っていない。彼らの平均デビュー年齢は23・3歳であった。次に、彼らのデータについて階層的重回帰分析を行なった。分析はポジションごとに4つのカテゴリー（内野手、外野手、キャッチャー、ピッチャー）の選手別に行なわれた。分析の結果、ピッチャー（r=.07）と外野手（r=.06）でデビュー年と寿命に正の相関（それぞれp<.05）が見られることが示された。つまり、これらの2つのポジションでは、早成―寿命仮説が成り立った（ただし、無相関検定で相関係数は有意であるものの、値は非常に小さい）。

3　殿堂入りしたメジャーリーガーは早く死ぬ

もとになった論文

Abel, E. L., & Kruger, M. L. (2005). The longevity of baseball hall of famers compared to other players. *Death Studies*, 29(10), 959-963.

前記の研究では大成したということは、メジャーリーガーになったということを意味している。確かにメジャーリーガーになったということは野球をする人にとっては大成に違いないのだが、メジャーリーガーの中でもとくに優れた業績を残した人たちは野球の殿堂（Baseball hall of fame）入りを果たすことになる。ちなみに日本人メジャーリーガーで殿堂入りしたものはこれまでいなかったが、イチローが殿堂入りすることが2021年11月に発表された。殿堂入りしたメジャーリーガーの寿命はその他の選手に比べてどうなのだろうか。

この論文では、それを検討している。まず、ショーン・ラーマン（Sean Lahman）の野球アーカイブから野球殿堂入りした選手のうち受賞時に生存していた143人とそれらの選手と年齢をマッチングさせた統制群の選手3430人を選び出し、それぞれのグループの寿命について集計した。殿堂入りした野球選手は、受賞（平均57・5歳）後、平均18年［15.0, 21.0］［注：95％信頼区間］生存していたのに対して、殿堂入りしていない選手は平均23年［22.1, 23.9］生存しており、オッズ比は1・37［1.08, 1.73］で、殿堂入りしている場合、早く死ぬことが明らかになった。また、死因が判明している選手について分析したところ、殿堂入り選手は統制群の選手に比べ、心臓血管系の障害か脳出血で死亡することが多かった。

4　反論：殿堂入りしたメジャーリーガーは早く死なない

もとになった論文

Smith, G. (2011). The baseball hall of fame is not the kiss of death. *Death Studies*, 35(10), 949-955.

アベルとクルーガー（Abel & Kruger, 2005）の「殿堂入りすると早く死ぬ」研究は非常に衝撃的ではあるが、その分析方法には誤りがある。まず、彼らはショーン・ラーマンの野球アーカイブからデータを収集してきている。このアーカイブは非常に優れているものだが、データは完全ではない。とくに昔の無名のプレーヤーについては情報が不十分で、死亡年が書かれていない場合がある。彼らは、死亡年が書かれていない場合には現在も生存していると考えて集計を行なっているが、そうではないだろう。たとえば、1800年代に生まれた無名の選手は死亡年が記載されていなくても多分死亡している。一方で殿堂入りした選手はいずれも有名人なので、その死亡年は明らかであり、記載漏れもない。この差は、殿堂入りの選手の寿命を低く見積もる結果を導くことになる。そこで、今回の分析ではまず、死亡年が正確にわかっているものだけを用いて分析を行なった。殿堂入り選手と同じ年に生まれた他の選手をマッチングさせて、その死亡年齢を比較するという手続きで分析が行なわれた。その結果、アベルとクルーガー（2005）の研究結果に反して、殿堂入りした選手は逆に0・99年長く生きていることがわかった。ただし、この差は統計的に有意にはならなかった。

5　笑顔が素敵なメジャーリーガーは長生きする

もとになった論文

Abel, E. L., & Kruger, M. L. (2010). Smile intensity in photographs predicts longevity. ***Psychological Science,*** **21(4), 542-544.**

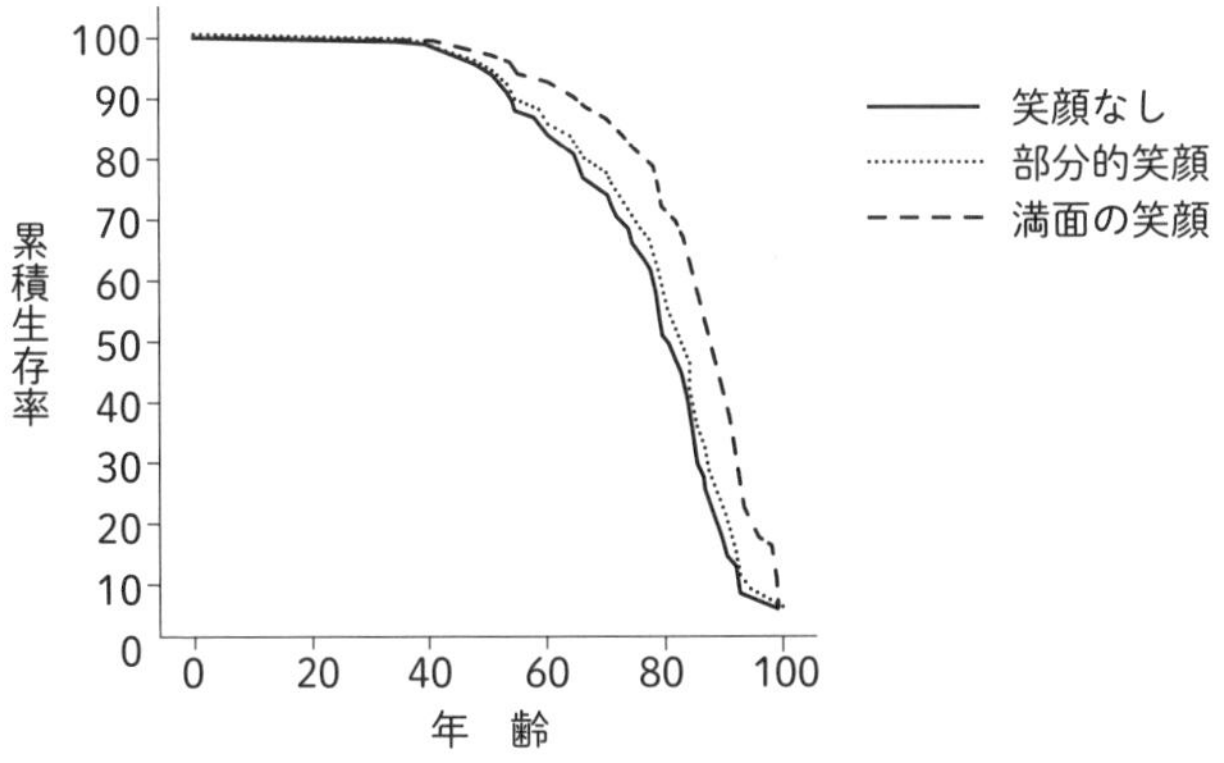

図　メジャーリーガーの笑顔と生存曲線の関係

笑顔は、ポジティブな感情を表出するだけでなく、人生のさまざまなイベントを予測する一要素だということが知られている。たとえば、子どもの頃の写真や高校や大学のイヤーブックの写真の笑顔の強度（どのくらい満面の笑顔か）はその後の結婚の安定性や人生の満足度と密接に関連していることが示されている（Harker & Keltner, 2001; Hertenstein et al, 2009）。とすると、笑顔の強度からは寿命をも予測することができるのではないだろうか。そこで、メジャーリーガーの選手名鑑の写真における笑顔とその後の寿命の関係についての調査が行なわれた。

実験に用いられたのは１９５２年のメジャーリーガーの選手名鑑で、この写真を拡大したものを評価者に示し、その笑顔の強度を三段階で評価させた。評価段階は「笑顔なし」「部分的笑顔」「満面の笑顔」であった。その後、各選手の没年について調査した。

分析は、コックス比例ハザード回帰モデルで行なわれた。第1ステップで、出生年、BMI、キャリアの長さ、デビュー時の年齢、大学を卒業しているか否か、婚姻状況など、長寿に関連するさまざまな要因を制御したうえで、第2ステップで笑顔の効果について分析が行なわれた。対象となった選手は、230人のプレーヤーのうちすべてのデータが得られた196人であった。

モデルは統計的に有意であり（$\chi^2(2) = 23.7, p < .02$）満面の笑顔の選手は、笑っていない選手と比較して、どの年でも死亡する可能性が少なかった（$HR = .50, p = .006$）。ただし、笑っていない選手と部分的な笑顔の選手には差は見られなかった。

笑顔の強度はモデルの変動の35％を説明した。もちろん、この研究では写真撮影時にカメラマンが笑顔を指示したかどうかなどの情報は得られていないが、単に写真の笑顔強度のみから寿命がある程度予測できることがわかった

6 反論：笑顔が素敵なメジャーリーガーは長生きするわけではない

もとになった論文

Dufner, M., Brümmer, M., Chung, J. M., Drewke, P. M., Blaison, C., & Schmukle, S. C. (2018). Does smile intensity in photographs really predict longevity? A replication and extension of Abel and Kruger (2010). ***Psychological Science*****, 29(1), 147-153.**

アベルとクルーガー（Abel & Kruger, 2010）の「笑顔が素敵なメジャーリーガーは長生きする」というのは衝撃的な研究であるが、本当だろうか。この論文の著者は、まずアベルらにもとのデータの提供を頼んだが、断られたので、独自に彼らが使用したデータベースと基準を利用して２２４人からなるできるだけ同じデータセットを作成した。次にアベルらのデータ（１９５２年に活躍した選手）の周辺の年代、つまり１９４７～１９５７年（１９５２年を除く）に活躍した選手をもとにして類似のデータセットを５２４人分作成した。これらの各選手についてアベルとクルーガー（２０１０）の研究と同様の方法で、選手が笑顔かどうかを5人の評価者が3段階で評価し、やはり彼らの研究と同様にコックス比例ハザード回帰モデルで笑顔と寿命の関係について明らかにしようとした。取り除かれる共変量も彼らの研究と同じ、デビュー年、ＢＭＩ等であった。しかし、結果として笑顔と寿命の関係は見いだされなかった。ただし、笑顔かどうかの判定などはやってみるとかなり個人差があり難しいことがわかったので、次の研究では、笑顔かどうかの判定を表情を判定するソフトウェアを用いて行なった。用いられたのは、Face Reader、Microsoft Emotion API、CERT（コンピュータ表情認識ツールボックス）の３つであった。分析対象は、集めたすべての野球選手の顔写真1万３５３０人であった。ところがこの分析でも、写真の笑顔の程度と寿命の間に関係は見いだされなかった。

解説と関連する研究

アスリートが長生きするかという問題は、野球選手以外でも検討されている。まず、アベルとクルーガー（Abel & Kruger, 2006）は、アメリカンフットボールの選手でも同様の研究を行なった。じつはアメフトの選手は、その激しさのために脳に障害を引き起こすことがあるといわれている。もし、そうなら、逆に寿命が短くなるのではないだろうか。ところが分析してみると、アメフト選手の寿命は、同年代の平均寿命より6・1歳（標準偏差11・9）長いことがわかった。その後、テラモトとバンガン（Teramoto & Bungun, 2010）がスキーやサッカーのナショナルチームのメンバーなどでこの効果が見られることを報告し、2015年にはさらに多くのスポーツの結果を統合したメタ分析研究が同様の結果を報告している（Lemez & Baker, 2015）。どうやら、アスリートが長生きなのは確実らしい。

では、アスリート以外で長生きしそうな人にはどのような人がいるのだろうか、サダカタら（Sadakata, Fukao & Hisamichi, 1992）は、そのような職業として、茶人がいるのではないかと考えた。茶道は、身体的、精神的な鍛錬を行なうだけでなく、茶自体が健康によい可能性があるからである。そこで、1980年の裏千家の名簿に掲載されている東京在住の50歳以上の女性の師匠（registered as teachers）3380人を10年間追跡調査した。このうち、280人が追跡期間中に死亡した。日本全国、あるいは東京に住む同年代の女性の死亡率から考えると、この集団における死亡数の期待値は、

５１２・４（日本全体）、あるいは、４９３・９（東京）であるので、この死亡者数は、全国平均や東京都平均に比べて有意に少なく、裏千家の茶人は長生きすることが示された。

Abel, E. L., & Kruger, M. L. (2006). The healthy worker effect in major league baseball revisited. *Research in Sports Medicine*, *14*(1), 83-87.

Harker, L., & Keltner, D. (2001). Expressions of positive emotion in women's college yearbook pictures and their relationship to personality and life outcomes across adulthood. *Journal of Personality and Social Psychology*, *80*(1), 112-124.

Hertenstein, M. J., Hansel, C. A., Butts, A. M., & Hile, S. N. (2009). Smile intensity in photographs predicts divorce later in life. *Motivation and Emotion*, *33*(2), 99-105.

Lemez, S., & Baker, J. (2015). Do elite athletes live longer? A systematic review of mortality and longevity in elite athletes. *Sports Medicine Open*, *1*(1), 1-14.

McCann, S. J. (2001). The precocity-longevity hypothesis: Earlier peaks in career achievement predict shorter lives. *Personality and Social Psychology Bulletin*, *27*, 1429–1439

Sadakata, S., Fukao, A., & Hisamichi, S. (1992). Mortality among female practitioners of chanoyu. *The Tohoku Journal of Experimental Medicine*, *166*(4), 475-477.

Teramoto, M., & Bungum, T. J. (2010). Mortality and longevity of elite athletes. *Journal of Science and Medicine in Sports*, *13*(4), 410–416.

その六

おいしい経済

売り上げと味はメニューの名前で決まる

もとになった論文

Wansink, B., Painter, J., & Ittersum, K. V. (2001). Descriptive menu labels' effect on sales. *Cornell Hotel and Restaurant Administration Quarterly*, 42(6), 68-72.

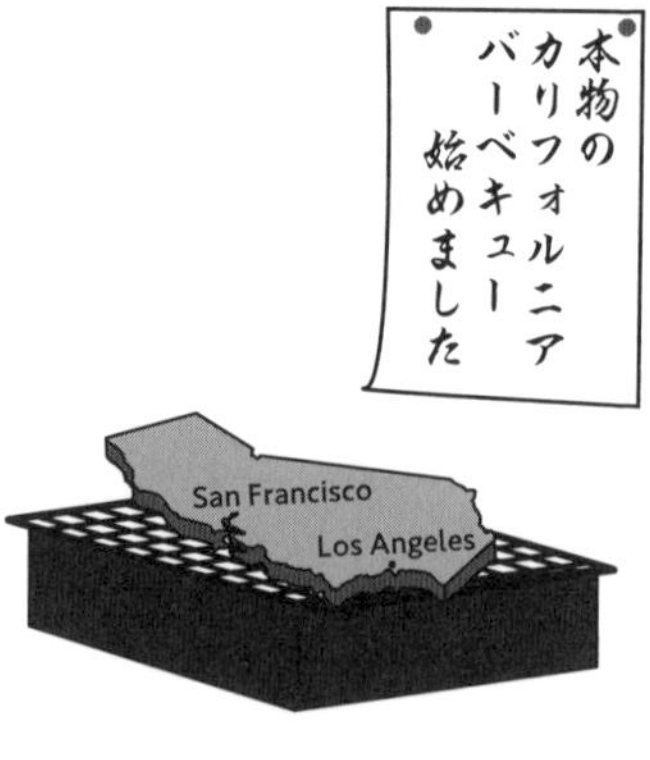
本物の
カリフォルニア
バーベキュー
始めました
San Francisco
Los Angeles

レストランに行って、メニューを選ぶときにわれわれはどのような基準で選択しているのだろうか。この論文は、われわれがメニュー選択において料理の名前に大きく影響を受けるということを示したものである。また、それどころか、味覚にも料理の名前が大きく影響していることが示された。

実験は、イリノイ大学の教職員食堂で行なわれた。火曜日と金曜日のランチのときに、いつも提供されている6つのメニューについて、料理の名前のみで提供する場合と、それにひとことつけ加えた名前で提供する場合を比較した。具体的には、同じ料理でも「赤インゲン豆ライス添え」にするか、ひとこと加えて「トラディショナルケイジャン風味の赤インゲン豆ライス添え」にするか、同様に「ズッキーニクッキー」にするか「おばあちゃんのお手製ズッキーニクッキー」にするかで比較した。それぞれの条件は、異なった日に提供された。対象となった商品をカフェテリアで選択した人に対して食後にアンケート調査を行ない、料理の味やレストランについての印象、同じ料理を2週間くらいたったあと、また食べたいか（いずれも9段階評価）、食べた料理にどのくらいの価値があるかについて調査した（値段を答えさせた）。

その結果、ひとこと加えたメニューにした場合、加えない場合に比べて注文が27％増加したばかりでなく、食べたもののクオリティやレストランの評価、また、同じメニューを食べたいかというアンケート項目のすべてが有意に高くなった。ただし、この料理にいくら払うかということについては有意な差は生じなかった。

論文の中で、著者はひとこと加える場合のひとことについて、4種類のアイディアを提案している。1つ目は、地理的ひとことであり、これは料理や原材料の産地をつけ加える方法である。つまり「アイオアポークチョップス」「本物のカリフォルニアバーベキュー」などである。2つ目は感情を刺激しハッピーな記憶を想起させるようなラベルづけの「伝説のチョコレートムースパイ」「クラシックオールドワールドイタリアンパスタ」などで、3つ目は感覚的なラベルである「しゃきしゃきの季節のにんじん」「心のこもったあたたかなステーキ」など。そして最後は、ブランドラベルである。これは著名なブランドを付加するものである。「ブラックアンガスステーキ」「ジャックダニエルバーベキューリブ」などである。

解説と関連する研究

ワンシンクらのグループはイリノイ大学でのこの実験について別の研究でも報告している。その論文（Wansink, Van Ittersum, & Painter, 2005）では、ひとこと加えたメニューは、料理の名前だけでのメニューに比べて、より見栄えがよく、おいしく、満足し、カロリーがあると評価され、より肯定的なコメントが増えたことがわかった。

さて、もし、このような効果があるのだとすれば、これを学校現場で使わない手はない。たとえば、子どもは一般に野菜が嫌いだが、学校のカフェテリアで出す野菜に「かっこいい」名前をつければ子どもはそれをよりおいしく感じ、よろこんで食べるようになるのではないか。ということで、ワンシンクら（Wansink, Just, Payne, & Klinger, 2012）は、ニューヨーク州の5つの小学校の食堂で、野菜に「X線にんじん」「パワーパンチブロッコリー」などの名前をつけて提供することを試みた。その結果、予想どおり、子どもの野菜摂取量が増加した。

これらの研究を行なったコーネル大学のブライアン・ワンシンク（Brian Wansink）は、食行動研究の第一人者で非常に多くの論文を出版しており、メディア等にも頻繁に出演していて一般の人からの知名度も高い。しかし、２０１８年に研究不正疑惑（データの重複利用、分析データにおける疑念）などが指摘された。前述のイリノイ大学のカフェテリア実験に関する2つの研究（２００１年のものと２００５年のもの）は、データの重複利用の疑いがあるので各自確認してみるとよいかもしれない。この論文については、発表後じつに12年後に修正論文が出ている（Wansink, van Ittersum, & Painter, 2017）。また、かっこいい野菜の論文は現在撤回されている（読むことは可能である）。ワンシンクの研究は非常に面白く、示唆的であるので残念であるが、再現性は高そうなので改めて厳密な手続きで追試されることが望まれる。

Wansink, B., Just, D. R., Payne, C. R., & Klinger, M. Z. (2012). Attractive names sustain increased vegetable intake in schools. *Preventive Medicine*, *55*(4), 330-332.(Retracted)

Wansink, B., Van Ittersum, K., & Painter, J. E. (2005). How descriptive food names bias sensory perceptions in restaurants. *Food Quality and Preference*, *16*(5), 393-400.

Wansink, B., van Ittersum, K., & Painter, J. E. (2017). Corrigendum to "How descriptive food names bias sensory perceptions in restaurants"[Food Qual. Preference 16 (2005) 393–400]. *Food Quality and Preference*, 62, 379.

マックのラベルがついているとおいしく感じる

もとになった論文

Robinson, T. N., Borzekowski, D. L., Matheson, D. M., & Kraemer, H. C. (2007). Effects of fast food branding on young children's taste preferences. *Archives of Pediatrics & Adolescent Medicine, 161*(8), 792-797.

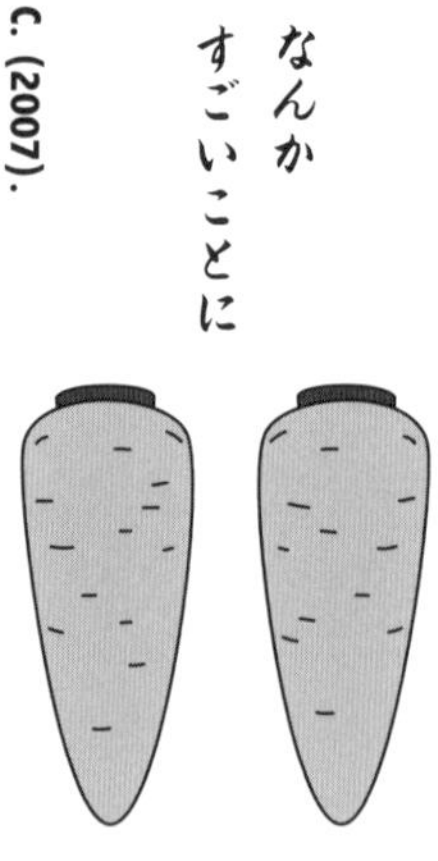

子どもは（そしておそらく多くの大人も）、マクドナルドが大好きである。そこで、この研究ではマクドナルドとラベルがついている料理はよりおいしく感じられるのかについて、子どもを対象にして実験した。研究対象となったのは、3歳半から5歳半の幼稚園児63人である。彼らに対して、ハンバーガー、チキンナゲット、フレンチフライ、ミルク（ミルクアレルギーの子どもにはアップルジュース）、にんじんが2つずつ提供された。（マクドナルドでは販売されていないにんじんを除いて）実験に用いた食材はすべて実際にマクドナルドで提供されているもので、そばのマクドナルドで買ってきたもの

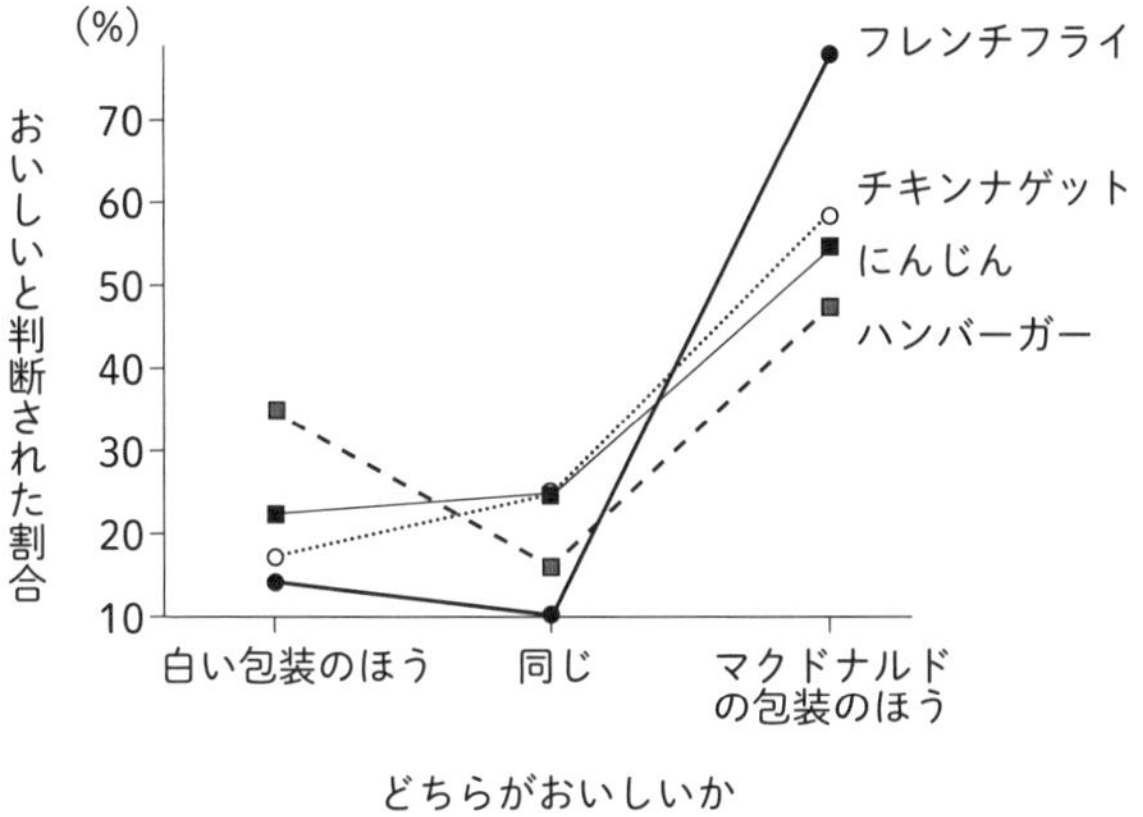

図　マクドナルドの包装とおいしさ認知の関係

である。ただし、一方は実際のマクドナルドの包装で提供され、もう一つは白いパッケージで提供された。子どもにこれらを味見してもらったあとで、どちらがおいしかったかについて答えてもらった（わからない、あるいは同じという選択肢も許容した）。

その結果、ハンバーガーではマクドナルドの包装の影響はなかったが、それ以外の食品においてはマクドナルドの包装のものが有意においしいと評価された。

次に、家に何台のテレビがあるのかということと、子どもがどのくらいの頻度でマクドナルドで食事をするかについて、両親に評価させたものとマクドナルドに対する嗜好の程度の関係について分析を行なった。その結果、家にテレビがあればあるほど、またマクドナルドでの食事が多いほど、マクドナルドの包装の商品をおいしいと判断することがわかった。

解説と関連する研究

マクドナルドは子どもに人気のあるブランドである。マクドナルドのイメージといえば有名なゴールデンアーチのマーク（Mに見えるがマクドナルドの頭文字を意味するものではないらしい）であるが、子どもにはドナルドやハンバーグラーなどのキャラクターもよく知られている。このようにキャラクターを子ども向けの商品の販売促進に使用するという手法は、よく使われている。日本のマクドナルドではオリジナルのキャラクターは近年あまり見ないが、ハッピーセットなどでさまざまな有名キャラクターとのコラボ商品が売り出されている。では、このようなキャラクター商法は売り上げを伸ばしたり、味の認知を変化させるのであろうか。これを検討したのがロベルトら（Roberto et al., 2010）である。彼らは、クラッカーなどの商品選択において、人気のあるキャラクターがパッケージに描かれていると、子どもはそれを選択しやすく、また、おいしいと感じる傾向があることを示している。この傾向はとくにカロリーが高く栄養価が低いジャンクフードで顕著であった。ジャンクフードは子どもの肥満の原因であるので、彼らはジャンクフードのパッケージに人気キャラクターを使うことは公衆衛生上問題があると指摘している。

Roberto, C. A., Baik, J., Harris, J. L., & Brownell, K. D. (2010). Influence of licensed characters on children's taste and snack preferences. *Pediatrics*, 126(1), 88-93.

でかいサイズを頼んだほうが社会的地位が高く見える

もとになった論文

Dubois, D., Rucker, D. D., & Galinsky, A. D. (2012). Super size me: Product size as a signal of status. ***Journal of Consumer Research*****, 38(6), 1047-1062.**

ファストフードなどでは、ドリンクなどにサイズのオプションがあり、スモールサイズからラージサイズまで用意されている（場合によってはそれ以上のサイズもある）。ここでどのサイズをオーダーするかによって、オーダーした人物の社会的ステータスが異なって認知されるということを明らかにしたのがこの研究である。簡単にいえば、ラージサイズを頼む人のほうが社会的な地位が高く見えるということである。

１８４人の実験参加者が、あるシナリオを読み、そのシナリオの登場人物の社会的ステータスや魅

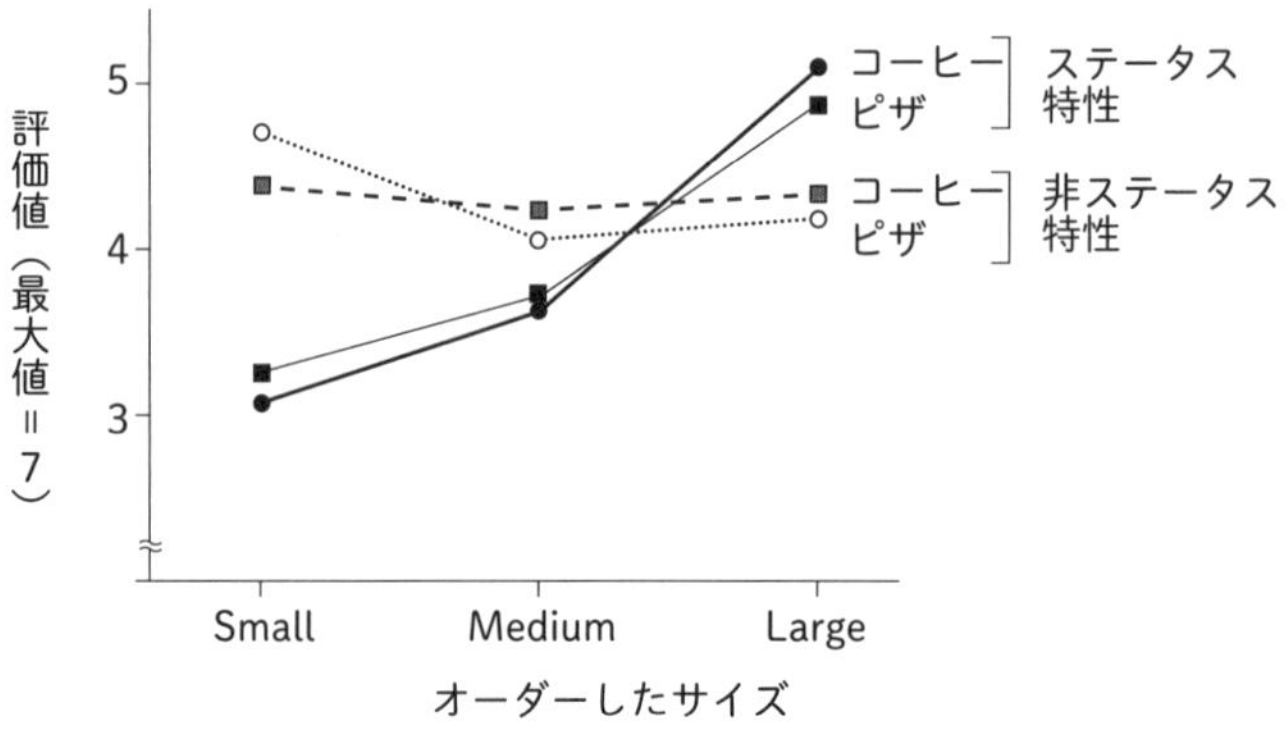

図　オーダーサイズと特性評価の関係

力度などを、7段階で評価した。シナリオは3つの商品（ピザ、スムージー、コーヒー）のどれかを注文するというもので、主人公がオーダーするのは、スモールサイズ、ミディアムサイズ、ラージサイズのいずれかである。参加者はシナリオを読んだあと、その人物の印象について7段階で評価した。印象はステータス特性（ステータスの高さ、尊敬できるか）と非ステータス特性（誠実、ナイスな、魅力的）の2種類のものがあった。

分析は、サイズ×特性（ステータス特性か非ステータス特性か）の分散分析で行なわれた。その結果、サイズと特性の交互作用が有意となった。ステータス認知については、いずれのシナリオでもラージサイズを頼んだ人のほうが、スモールサイズを頼んだ人よりも高いステータスをもっていると判断された。ステータス以外の特性についてはオーダーしたサイズの影響はなかった。つまり、大きなサイズを頼むほど、高いステータスだと感じられるという仮説が検証されたことになる。

解説と関連する研究

経済的に豊かな人は、高級車に乗ったり、高級腕時計を身につけたりする。このような顕示的行動は男性にとっては、その魅力を高めるということが進化心理学的な研究からも明らかになっている（女性の魅力はそれほど高めない）。たとえば、ダンとサール（Dunn & Searle, 2010）は、同じ男性がフォードの赤いフィエスタ（大衆車）に乗っている場合よりシルバーのベントレーコンチネンタル（プレステージカー）に乗っている場合のほうが、ハンサムだと評価されることを明らかにしている。

もし、本当に経済的に豊かな人が大きなサイズをオーダーする傾向があるのであれば、前述の車と同じようなメカニズムが想定されるが、現状で、経済的なステータスがあるものが、ピザ屋等で大きなサイズをオーダーしやすいのかについては、明らかになっていない。そもそも、本当にステータスが高ければ町のピザ屋でテイクアウトのオーダーなどしないかもしれない。

なお、本研究は、ジアーノとトゥンカ（Ziano & Tunca, 2020）があらかじめ実験計画を登録したうえでの追試を行なっているが、その結果、研究結果は再現されなかった。今後の引き続きの検討が必要である。

Dunn, M. J., & Searle, R. (2010). Effect of manipulated prestige-car ownership on both sex attractiveness ratings.

British Journal of Psychology, *101*(1), 69-80.
Ziano, I., & Tunca, B. (2020, April 19). Super size me: An unsuccessful preregistered replication of the effect of product size on status signaling. Preprint DOI: 10.31234/osf.io/fm7aj

ウェイターが太っていると客の注文が増える

もとになった論文

Döring, T., & Wansink, B. (2017). The waiter's weight: Does a server's BMI relate to how much food diners order?. *Environment and Behavior*, 49(2), 192-214.

これは大規模な観察研究である。20人の研究者がフランスとイタリアを含む世界中のあらゆるレストランに客として訪れ（とはいっても、実験データの約半分はニューヨーク州のイサカのレストランで得られている）、客とウェイターの体型（推定身長や推定体重など）や服装と客がどんな食べ物と飲み物をどのくらい注文したかについて記録した。選ばれたレストランは、ごくふつうのチェーン店（アップルビーやアウトバックステーキハウス）からローカルなレストランまでいろいろだった。

結果として、60の異なるフルサービスレストランで、497組の客とウェイターについてのデータ

表　それぞれのメニューをオーダーした客の割合（%）

	ウェイトレス		ウェイター	
	BMI＜25（n=114）	BMI≧25（n=131）	BMI＜25（n=101）	BMI≧25（n=149）
スープ	15.8	8.4	7.9	14.1
サラダ	14.0	7.6	7.9	15.4
前菜	35.1	38.9	26.7	38.9
デザート	7.9	16.8	6.9	15.4
メインディッシュ	97.4	97.7	98.0	98.0

BMI＝ボディマス指数

が収集され、それが分析対象となった。まず、見かけから、ウェイターのＢＭＩを推定し、それが25以上あるか25以下であるかに分けられた。これをウェイターの性別ごとに分け、それぞれの条件で客がどのくらい料理とアルコールをオーダーしたかについて集計した。

その結果、料理、アルコールともにＢＭＩの主効果については有意な差が見られ、ウェイターのＢＭＩが大きいほど注文が多いということがわかった。ただし、この傾向は、料理の場合、男性のウェイターにのみ見られ、ウェイトレスの場合、ＢＭＩによる差はなかった。客が頼んだ料理をさらに細かく分析してみると、ウェイターのＢＭＩととくに関係しているのはデザート皿の注文で、ウェイターのＢＭＩが大きい場合、オッズ比で2・40もデザートが多く注文された。また、アルコール飲料も17・65％多く注文された。一方でスープとサラダはウェイトレスの場合、ＢＭＩが大きいと逆に注文は減った。

解説と関連する研究

太った人を見ることによって食欲がなんらかの影響を受けるのはどうやら確からしいが、それが食欲を促進する方向に働くのか、それとも抑制する方向に働くのかについては相反する実証的なデータが存在しており、結論は出ていない。バルトメウら（Barthomeuf, Rousset, & Droit-Volet, 2010）は、他人がものを食べている映像を見て、自分の食欲がどのように変化するかについて検討したが、肥満の人がそれをおいしそうに（あるいはまずそうに）食べているのを見ると、標準体重の人が食べているのを見るのに比べて、食欲は減少した。これはとくに自分の好きなものを肥満者が食べている場合に顕著であった。また、オッテンブリングら（Otterbring et al., 2020）は、肥満した人を見ると、その後に購入するシリアルがよりヘルシーなものになることを示している。

一方で本研究や清水ら（Shimizu, Johnson, & Wansink, 2014）は、肥満した人を見ると食欲が増すという結果を示している。この研究では、カフェテリアに集められた実験参加者がファットスーツ（肥満しているように見せるためのスーツ）を着たサクラが、過剰なパスタと少量のサラダを盛りつけて食べるのを最初に見ると、その後により多くのパスタを摂取し、（健康食である）サラダの摂取量は控えめになることが示された。

Barthomeuf, L., Rousset, S., & Droit-Volet, S. (2010). The desire to eat in the presence of obese or normal-weight eaters as a function of their emotional facial expression. *Obesity*, *18*(4), 719-724.

Otterbring, T., Gidlöf, K., Rolschau, K., & Shams, P. (2020). Cereal deal: How the physical appearance of others affects attention to healthy foods. *Perspectives on Behavior Science*, *43*, 451-468.

Shimizu, M., Johnson, K., & Wansink, B. (2014). In good company: The effect of an eating companion's appearance on food intake. *Appetite*, *83*, 263-268.

ノーベル賞ーチョコレート論争

1 たくさんチョコレートを食べるとノーベル賞がもらえる

もとになった論文

Messerli, F. H. (2012). Chocolate consumption, cognitive function, and Nobel laureates. *The New England Journal of Medicine*, 367, 1562-4

植物性食品に含まれるポリフェノール（ここではとくにその一種であるフラボノイド）は、血圧を下げたり、認知機能を改善することが知られている。とすると、ポリフェノールが多く含まれる代表的な食材であるチョコレートをたくさん摂取することによって頭がよくなる可能性がある。これは、チョコレートを多く消費する国の国民は頭がよいという仮説を導くが、国別の頭のよさを比較するの

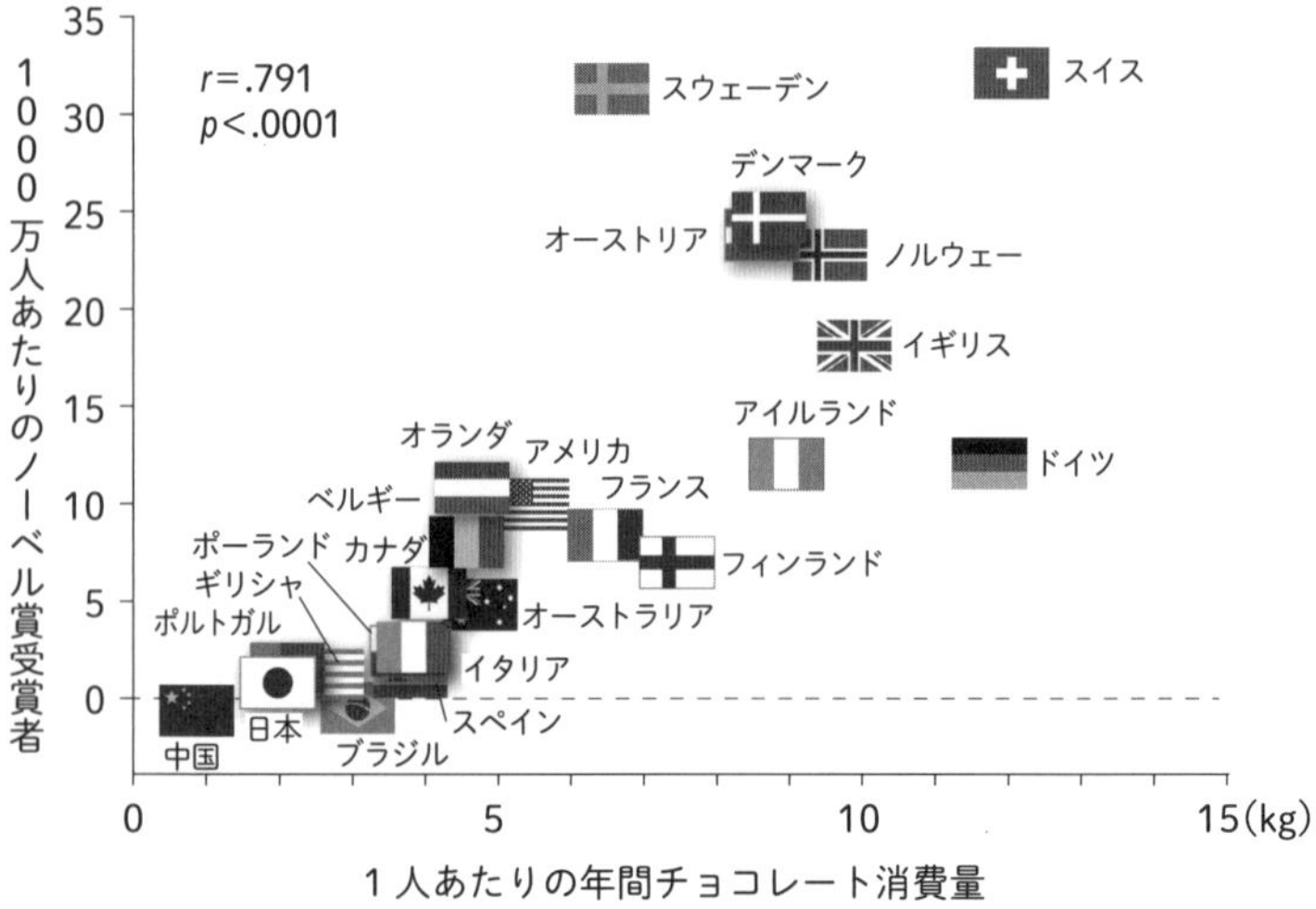

図1　チョコレート消費量とノーベル賞の関係

は困難である。国民の頭のよさの代替指標として使用可能だと思われるものに、ノーベル賞受賞者の数がある。本研究では、国別のチョコレートの消費量とノーベル賞受賞者数の関連について検討がなされた。

データが入手可能でノーベル賞授業者が存在する23か国のチョコレート消費量と1000万人あたりのノーベル賞受賞者の相関を算出してみたところ、$r=.791$ ($p<.0001$) となった。また、外れ値であり自国民をノーベル賞選考委員会が優遇している可能性があるため、スウェーデンを除いて再計算すると$r=.864$となった。回帰分析より、特定の国でノーベル賞受賞者を一人増やすためには、一人あたり年間約0・4キログラムのチョコレートが必要であることがわかった。これらの研究結果は国

策で、チョコレートの消費量を増やすことによって、ノーベル賞受賞者を増やすという戦略が有効であることを示している。

2 ノーベル賞をとるにはミルクが重要である

もとになった論文

Linthwaite, S., & Fuller, G. N. (2013). Milk, chocolate and Nobel prizes. *Practical Neurology*, *13*(1), 63.

チョコレートとノーベル賞の関連が示されたわけだが、チョコレートはミルクチョコレートとして消費されることが多いことから、フラボノイドが重要なのではなく、ミルクが重要である可能性もある。そこで、国連食糧農業統計による国別のミルク消費量とノーベル賞受賞者数の関連を調査してみると、驚くべきことに指数関数でフィットした回帰曲線を得ることができ、相関は $r = .757$ ($p < .0001$) であった。この分析の優れている点は、スウェーデンを除外して回帰分析するようなインチキをしなくても回帰曲線がフィットすることである。ミルクはビタミンDを含んでいることからこちらのほうが重要な要因かもしれない。

3　乳糖不耐症だとノーベル賞はもらえない

もとになった論文

Loney, T., & Nagelkerke, N. (2013). Milk, chocolate and Nobel prizes: Potential role of lactose intolerance and chromosome 2. *BMJ Evidence-Based Medicine*, *18*(3), 120.

ミルクといえば、ビタミンDというのが前述の研究だが、興味深いことに、人口あたりのノーベル賞受賞者が少ない国、たとえば日本と中国では、乳糖不耐症が多いことが知られている。これは小腸で十分ラクトースを分解できず、消化不良や下痢を引き起こす疾病である。一方で、ノーベル賞受賞者の多い国、スウェーデン、デンマーク、イギリスなどではこれらの疾病はまれである。とすると、乳糖に対する分解能力がノーベル賞と関係しているのかもしれない。確かにラクトースを分解するラクターゼ酵素の遺伝子は学術的成果と関連する遺伝子の近傍にあることが知られている。この発見は、ノーベル賞受賞者を生み出すための遺伝子ドーピングへの道を開くかもしれない。

4　ノーベル賞をとるにはコーヒーが重要である。最も強力なのは、バルバヤーダ

もとになった論文

Brigo, F., & Nardone, R. (2014). Barbajada(coffee, milk and chocolate): The secret to the Nobel Prize. *BMJ Evidence-Based Medicine, 19*(3), 120.

ところで、カフェインは認知能力を高めるために消費される最も一般的な物質である。とするとポリフェノールよりもコーヒー消費量がノーベル賞受賞者の人数を決定しているのではないか。そこで、国別の一人あたりのコーヒー消費量とノーベル賞受賞者数の相関を求めてみた。その結果、驚くべきことに $r=.713$ ($p<.0001$) の関係が見られた。これはチョコレートとノーベル賞に匹敵する相関である。先行研究とこの研究から、イタリア人がよく飲むコーヒー、ミルク、チョコレートを混ぜた飲料であるバルバヤーダこそがノーベル賞を受賞するために最も有効な食品だと考えられる。

5　ノーベル賞を出すにはＩＫＥＡの数を増やすのがいいでしょう

もとになった論文

Maurage, P., Heeren, A., & Pesenti, M. (2013). Does chocolate consumption really boost Nobel award chances? The peril of over-interpreting correlations in health studies. *The Journal of Nutrition, 143*(6), 931-933.

チョコレートの消費量とノーベル賞受賞者の関連については、ポリフェノール（フラボノイド）と

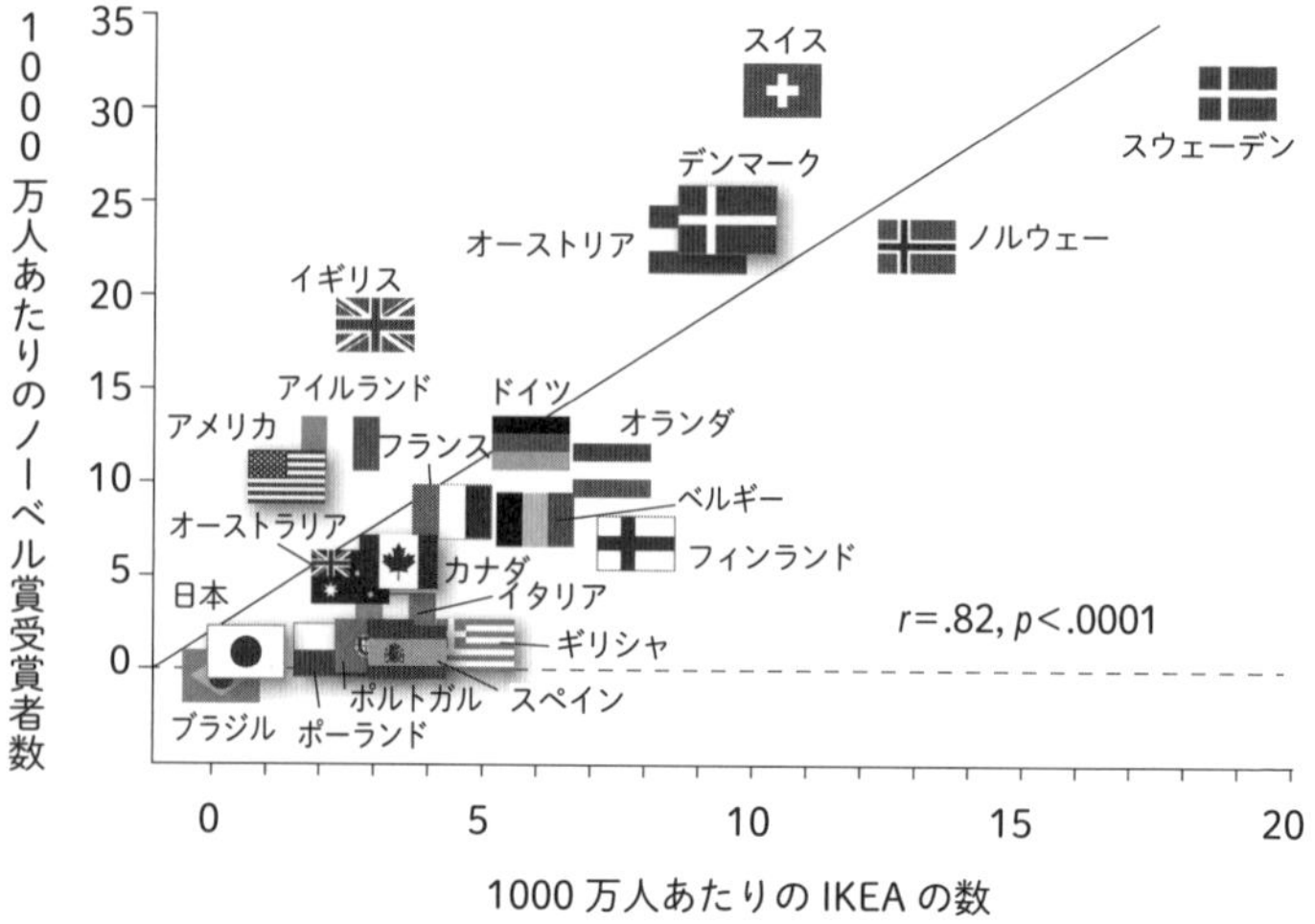

図2　国ごとのIKEAの数とノーベル賞の関係

いう一見もっともらしい媒介物が存在するために、説得力が増しているように思われるが、もちろん、相関関係は因果関係を示すものではないので、データを慎重に解釈することが必要である。もし、本当にフラボノイドが重要であるならば、他のフラボノイドが多く含まれている食品の消費量とノーベル賞受賞者数も高い相関をもつはずである。ところが、実際に計算してみると、ワイン消費量（r=.16）とかお茶の消費量（r=.03）はノーベル賞受賞者数とほとんど関連しておらず、フラボノイド仮説は正しいとはいえない。

　最もありそうな関係としては、GDPがチョコレートの消費量（r=.65）とノーベル賞受賞者数（r=.73）の両方に関連しているために、チョコレートの消費量とノーベル賞受賞者数に見かけ上の関連が現われているということである。

ところで、国ごとのＩＫＥＡの店舗数は、チョコレートよりもノーベル賞受賞者数と高い相関をもっている（r =.82）。とすると、そのプロセスはわからないが、ＩＫＥＡをたくさん建てることがノーベル賞につながるかもしれない（あるいはＩＫＥＡがノーベル賞受賞者の多い国に好んで出店する傾向にあるのかもしれない）。

6 チョコの重要性についてはノーベル賞をとった人に直接聞いてみればいいじゃない

もとになった論文
Golomb, B. A. (2013) Chocolate habits of Nobel Prize winners. *Nature*, 499, 409

ノーベル賞—チョコレート論争に関する議論の問題点は、国を単位に分析しており、ノーベル賞受賞者個人のチョコレート消費量についてはなにも言及していないところにある。このような相関分析は国や地域を単位にして行なうべきではない。この問題を解決するために実際にノーベル賞を受賞した研究者にチョコレートがノーベル賞に貢献したかを聞いてみた。

ノーベル物理学、化学、生理学または医学、および経済学の23人の男性受賞者を調査した。10人(43%)が、週に2回以上チョコレートを食べたと報告したが、これだけ食べるのは、教育歴や年齢と性別が一致する237人の対照群の25%にすぎなかった（$p = .05$）。3人の研究者は、チョコレートの消費が実際にノーベル賞に貢献したと主張したが、ほとんどの人はチョコレートとノーベル賞受賞の関連について否定した。ただし、彼らは自分の手柄をチョコレートに横取りされたくないため、チョコレートの消費量を少なく報告している可能性はある。

7 チョコレートの効果を侮ってはいけない

もとになった論文

Prinz, A. L. (2020). Chocolate consumption and Noble laureates. *Social Sciences & Humanities Open*, 2(1), 100082.

チョコレート消費量とノーベル賞の関係についてはいろいろな議論が行なわれているが、その関係が実際には疑似相関であるということは当然のことのように思われる。多くの研究者が指摘しているように、実際は国ごとのGDPや研究費配分、出版された論文の数などによって媒介されているに違いない。とするならば、これらの要因を統計的に取り除いたうえでチョコレート消費とノーベル賞の相関を算出したら、当然、相関が消失するだろう。そこで、本研究では、せっかくなので、経済学の分野でヘックマン（Heckman, J. J.）が提唱した新しい統計手法を用いて、この作業を行ない、チョコレート消費量とノーベル賞との間に関連がないことを証明しようと試みた。また、コーヒーの消費量やたばこやアルコールの消費量なども変数の中に入れて分析してみた。

ところが、分析の結果、大方の予想に反して、チョコレートの消費量とノーベル賞受賞者の数の相関は消失しなかった（もちろん、最も影響していたのはGDPや論文出版数であったが）。また、コーヒー消費量との相関はマイナスとなった。

チョコレートがノーベル賞をもたらす因果関係をモデル化することが困難であるため、この間に関係があると断言することはできないが、チョコレートを甘く見るべきではない。

解説と関連する研究

これらの研究は、疑似相関の問題に関連している。疑似相関は研究の妥当性を損なう重要な要素であり、研究結果を解釈する場合に最も注意しなければならない要素の一つである。ただ、時にきわめて面白い疑似相関が生じることがある。これらの研究はこの興味深い疑似相関についてまじめに論じているわけである。ただ、これらの著者はいわばそれを「わかってやっている」ので、一種のユーモアである。時にこれらの論文を取り上げてまじめに批判している論者もいるが野暮である。
　この疑似相関問題について前述のゴロム（Golomb, 2013）の指摘はじつは重要である。国や地域を単位としてある指標との相関関係を計算すると、しばしば驚くような相関関係が生じる。たとえば、ヒベルン（Hibbeln, 2001）は、魚を食べることが多い国や地域（たとえば日本）ほど殺人が少ないことを、レスター（Lester, 2004）は、血液型O型の比率が多い国ほど自殺が少なく殺人が多いこと、A型が多い国ほど自殺が多く殺人が少ないことを明らかにした。これらの関係が疑似相関でなくなんらかの因果関係を示すものであるのかは慎重に検討することが必要であろう。

Hibbeln, J. R. (2001). Seafood consumption and homicide mortality: A cross-national ecological analysis. *World Review of Nutrition and Dietetics*, 88, 41-46.
Lester, D. (2004). Blood types and national suicide rates. *Crisis*, 25(3), 140-140.

その七

名前にまつわるエトセトラ

なんか脳的なことを言うと文章の信頼性が増す

もとになった論文

Weisberg, D. S., Keil, F. C., Goodstein, J., Rawson, E., & Gray, J. R. (2008). The seductive allure of neuroscience explanations. *Journal of Cognitive Neuroscience*, 20(3), 470-477.

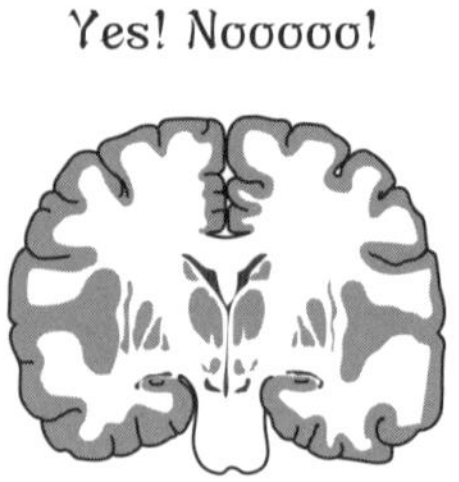

この論文では、3つの実験が行なわれている。第1実験はふつうの素人、第2実験は神経科学を学ぶ学部学生（とはいえ、素人に毛が生えた程度）、第3実験は、神経科学の研究者を対象にしている。ただし、実験の手続きはみな同じである。

彼らに18個の心理学的な概念（たとえば、相互排他性やアテンションブリンク）についての説明を呈示した。この説明のうちの半分は、比較的よく書かれたものである（よい説明条件）、もう一つは説明としてはいまひとつのものである。具体的には循環的な定義や無駄な言い回しを含んでいる（悪い

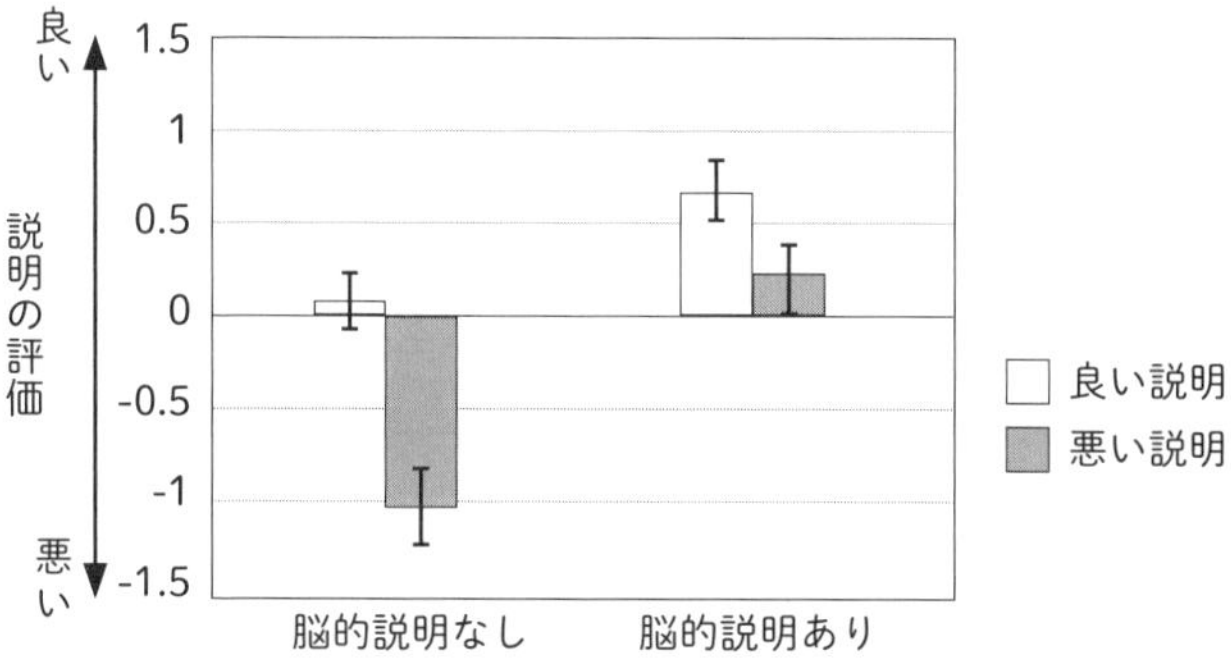

図　脳的な説明の有無が説明の評価に及ぼす影響（第2実験）

説明条件）。これとは別に半数の説明は脳的なことについての言及が含まれていない。残りのものには説明に脳的なことについての言及が見られる。具体的には「脳スキャン」とか「前頭葉」といった言葉が含まれている。ただし、これらの脳の説明はただつけ加わっているだけで実質的には無意味である。つまり説明の良し悪し（2条件）×脳科学的な言及の有無（2条件）の4条件の文章があることになる。これらの文章を実験参加者に読ませて、その文章がどの程度、満足のいくものかを7段階で評価させた。ニュートラルが0点で内容が良い場合に0〜+3、悪い場合に0〜−3で評価させた。

その結果、もちろん、すべての条件で良い説明は悪い説明よりも評価が高かったが、実験参加者が素人である実験1と実験2では、それに加えて、脳科学的な言及がある場合に評価が高まるという現象が見られた。この効果は悪い説明条件でより顕著だった。つまり、なんか脳的なことを言っておくと素人は納得するということが示されたのである。ちなみに神経科学の専門家はだまされず、無意味な脳科学的な言及に対する評価は厳しかった。ここは救いである。

解説と関連する研究

最近、テレビに脳科学者という人がよく出てくる。しかし、脳科学者の人の話はじつは脳科学でないことが多い。彼らの話の多くは「心理学ネタ＋脳の部位への言及」からなっている。しかも、本ネタの心理学はすでに結構よく知られていることだったり、かなり古いネタだったりする。それなのに、なぜ、心理学者よりも脳科学者のほうがひっぱりだこなのか。それは、この研究が明らかにしたように、脳っぽいことを言うと素人にはなんかかっこよく、信頼できるように感じられてしまうからである。この現象はいくつかの研究で確認されている。たとえばワイスバーグら（Weisberg, Taylor, & Hopkins, 2015）は、前述の研究を追試して確認するとともに、これが説明文章の長さの効果と同様の効果をもっていることを示した。つまり、脳科学用語を説明文に混ぜるとより短い文章で説得力をもたせることができるわけである。また、マッケイブとキャステル（McCabe & Castel, 2008）は、脳科学的な本によく載せられている脳画像の図を説明に付加すると単純な棒グラフや、脳のトポロジカルマップ（脳画像よりは専門的でインパクトが少ない）よりも説得力が増すことを示している。

また、多くの人は数式にも脳科学用語と同様の、なにやら難しくて専門的なイメージを抱きやすいが、エリクソン（Eriksson, 2012）は、文章に意味のない数式を入れるとその文章の価値が高く評価されることを示している。近年では、こういう一見科学的に見えるでたらめ情報を受け入れてしまいやすい人の特徴なども明らかにされている（Evans, Sleegers, & Mlakar, 2020）。

Eriksson, K. (2012). The nonsense math effect. *Judgment and Decision Making*, 7(6), 746.

Evans, A., Sleegers, W., & Mlakar, Ž. (2020). Individual differences in receptivity to scientific bullshit. *Judgment and Decision Making*, 15(3), 401.

McCabe, D. P., & Castel, A. D. (2008). Seeing is believing: The effect of brain images on judgments of scientific reasoning. *Cognition*, 107(1), 343-352.

Weisberg, D. S., Taylor, J. C., & Hopkins, E. J. (2015). Deconstructing the seductive allure of neuroscience explanations. *Judgment and Decision Making*, 10(5), 429.

抽象画に哲学的な名前をつけると深遠さが増す

もとになった論文

Turpin, M. H., Walker, A. C., Kara-Yakoubian, M., Gabert, N. N., Fugelsang, J. A., & Stolz, J. A. (2019). Bullshit makes the art grow profounder. *Judgment and Decision Making*, 14(6), 658-670.

抽象画を見て評価する場合、そのタイトルが絵自体の評価に影響するのかを調べたのがこの研究である。この研究では、コンピュータで生成された抽象画と実際のアーティストが描いた抽象画が用いられた。これらの抽象画には3つの条件が割り振られた。最初の条件は、深遠そうに見えるでたらめな（pseudo-profound bullshit）タイトルをつける条件である。この条件のタイトルは、アート作品の解説に使われる単語をコンピュータプログラムでランダムに組み合わせてつくったもので、意味をなさないものであった（偶然、意味をなしてしまったものは採用しなかった）。具体的に

コンピュータで生成された抽象絵画

深遠そうに見える でたらめなタイトル	ありふれたタイトル	タイトルなし
未定義の痛みの特異点	Ver.4：抽象的要素	
		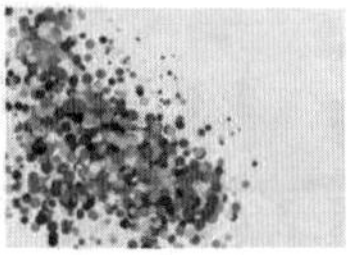

アーティストが作成した絵画

深遠そうに見える でたらめなタイトル	ありふれたタイトル	タイトルなし
病理学的内部	混色	
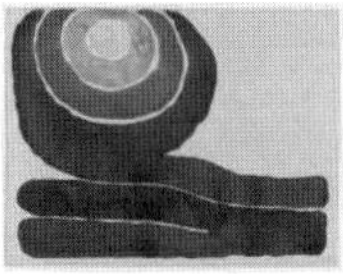		

図　実験で使用された刺激とそのタイトル

は Extracts from Rising Purity（上昇する純度からの抽出）、Juxtaposed Scar（並置された傷跡）、Sacred Dimensionality of Fear（恐怖の神聖な次元）、Vision of Hallucinogenic Abstraction（幻覚化された抽象のビジョン）などであった。２番目の条件は、ありふれたタイトルをつける条件で、これは実験目的を知らない実験補助者がよくある感じの絵画のタイトルとして適当につけたものである。具体的には、New Media XVI、Concept Lines - ver.34、Variations of Lines、Cropped Print Number Seven などであった。３番目の

表　各条件の平均評価値（最大値＝5）

	深遠さ評価値	
	CG	アーティスト
でたらめなタイトル	2.34	2.99
ありふれたタイトル	2.06	2.70
タイトルなし	2.05	2.76

条件はタイトルなし条件で、この条件では、タイトルをつけなかった。

200人の大学生に、これらの抽象画とタイトルの組み合わせをランダムな順序で呈示して、彼らにそれらの絵画の「深遠さ」について5段階で評価してもらった。「深遠さ（profound）」については、評価前に「包括的で非常に重要な意味をもつ」ものと定義しておいた。

評価の結果、表のような平均値となった。分散分析の結果、でたらめなタイトルがありふれたタイトルやタイトルなし条件に比べて、より深遠であると評価されることがわかった。

解説と関連する研究

とくに抽象画や抽象的な芸術の理解においては、タイトルなどの情報がその評価や喚起される感情、理解を大きく左右する。この現象についてもいくつかの研究が行なわれている。たとえばクプチクら（Cupchik, Shereck, & Spiegel, 1994）は、抽象的な彫刻を見せる前に、その彫刻についての数行の説明を読ませるだけでその芸術がより興味深く、パワフルで、挑戦的で、意味深いものであると認知されることを示している。レダーら（Leder, Carbon, & Ripsas, 2006）は絵画をそこに描かれているものを単に描写しただけのタイトル（たとえば、「エッフェル塔」）をつけて呈示するよりも、その絵画のメッセージを示すより精緻なタイトル（たとえば、「技術の時代への突入」）を示すほうが、絵画の理解がより深まることを明らかにしている。カークら（Kirk et al., 2009）は、実験協力者をｆＭＲＩの中に入れ、同じ抽象絵画をコンピュータが自動作成したものとして呈示した場合とギャラリーで展示されているものとして呈示した場合の脳の活動の違いを調査した。もちろん、後者のほうが評価が高くなる傾向が見られたが、この違いは、内側眼窩前頭皮質および前頭前野の活動の差と関連しており、これらの脳部位が、芸術評価のラベリング効果と関連している可能性が示された。

Cupchik, G. C., Shereck, L., & Spiegel, S. (1994). The effects of textual information on artistic communication. *Visual Arts Research, 20*(1), 62-78.

Kirk, U., Skov, M., Hulme, O., Christensen, M. S., & Zeki, S. (2009). Modulation of aesthetic value by semantic context: An fMRI study. *Neuroimage, 44*(3), 1125-1132.

Leder, H., Carbon, C. C., & Ripsas, A. L. (2006). Entitling art: Influence of title information on understanding and appreciation of paintings. *Acta Psychologica, 121*(2), 176-198.

イニシャルがＡの学生は成績がよいか

1　イニシャルがＡの学生は成績がよい

もとになった論文

Nelson, L. D., & Simmons, J. P. (2007). Moniker maladies: When names sabotage success. *Psychological Science, 18*(12), 1106-1112.

この論文は、発表と同時に世界に衝撃を与え、その後、激しい批判にさらされた「悪名高き」論文である。ネルソンとシモンズは自分のイニシャルはその人の行動や人生そのものに大きな影響を与えるのではないかと考え一連の研究を行なった。

イニシャルＡの効果については、この論文の第2研究で扱われている。この研究では、アメリカの

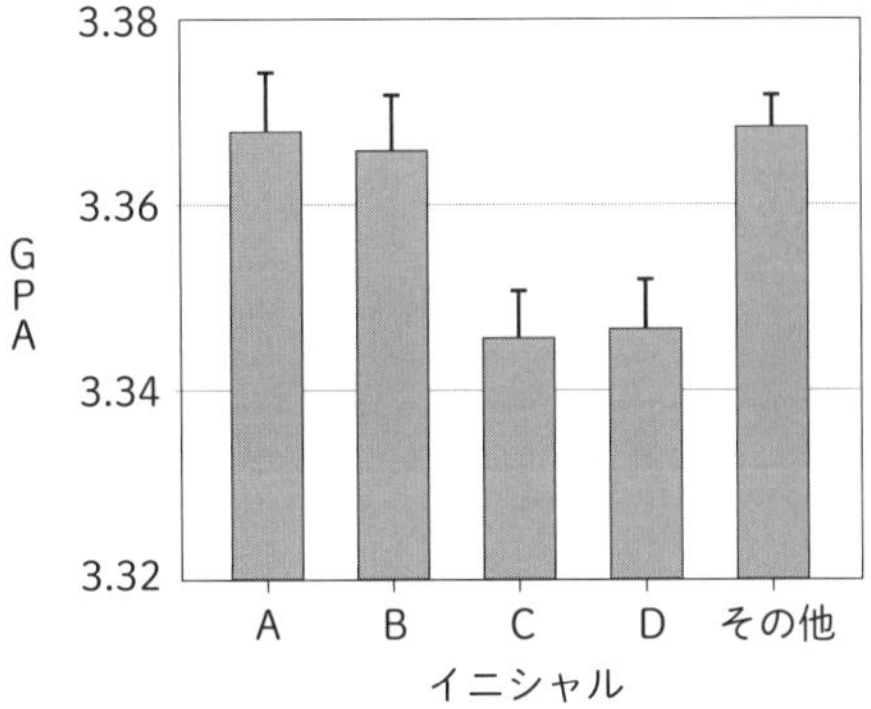

図1　学生のイニシャルとGPAの関係

大規模私立大学のMBAプログラムの学生の成績を15年分収集した。次の学生のファーストイニシャルとラストイニシャルに「A」～「D」それぞれを含む学生とその他の学生（E～Zがイニシャルの学生）に分類した。ただし、ファーストイニシャルがAでラストイニシャルがDなど複合的な学生は分析から省いた。そして、それぞれのグループごとに平均GPA（Grand Point Average：成績評価値）を算出した。デモグラフィック変数を統制した1次元の共分散分析の結果、イニシャルがA・Bの学生はC・Dの学生に比べてGPAが高いことが示された。ただし、その他の学生とA・Bの学生に差は見られなかった。

この現象の説明としては、自分のイニシャルを人は好むというネームレター効果と、そのイニシャルが勉強への動機づけに無意識に影響しているという可能性がある。また、評価者の側がイニシャルに影響されている可能性も排除できない。

2 イニシャルがAの学生の成績はべつによくない

もとになった論文

McCullough, B. D., & McWilliams, T. P. (2011). Students with the initial "A" don't get better grades. *Journal of Research in Personality*, 45(3), 340-343.

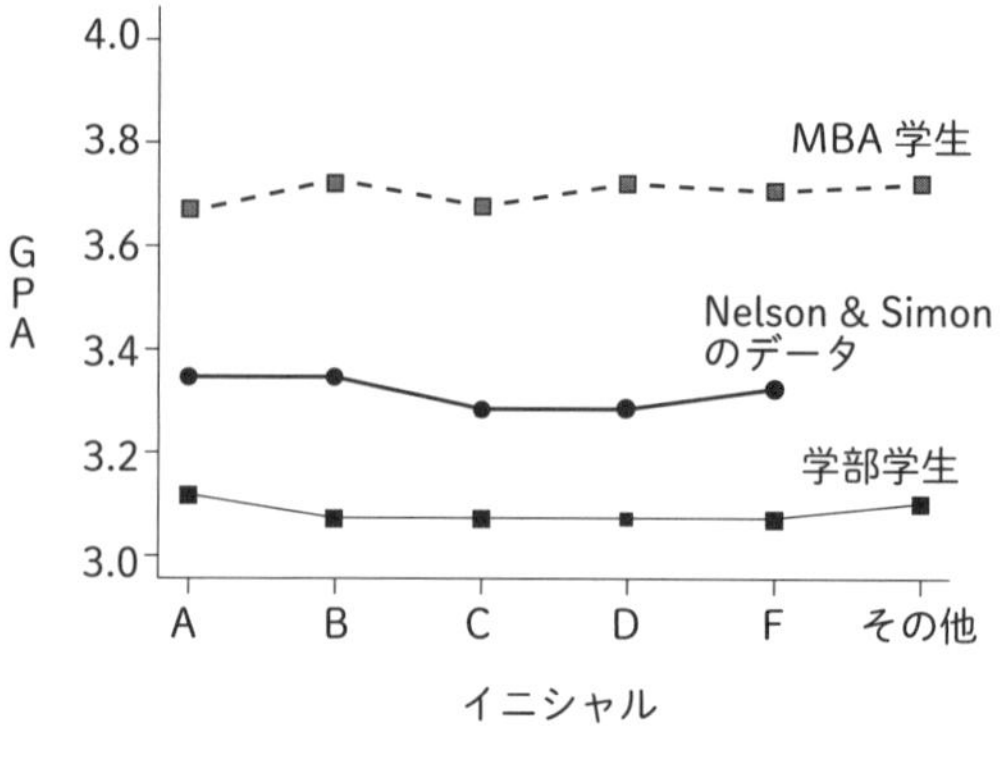

図２　学生のイニシャルとGPAの関係

この研究では、前述のネルソンとシモンズ（Nelson & Simmons, 2007）のイニシャルＡの学生の成績がよいという現象を理論的な面と実証的な面から批判している。まず、そもそも、この現象はイニシャルが成績を規定するというわけなので、検証すべき仮説はＡ＞Ｂ＞Ｃ＞Ｄとならなければならないが、実際検証されているのは、A=B＞C=Dという関係である。これでは、事後的に、Ａ＞B=C=DとかA=B=C＞Ｄなどのいろいろな仮説をテストすることができ、そのため、見かけ上の有意差が検出されてしまった可能性がある。

そこで独自に5年間分の２９３７人のＭＢＡコースの学生の成績と４０３２人のビジネスを専攻した学

部学生のデータを使用して同様の分析をしてみた。まず、条件にまたがるイニシャル（AとCなど）をもつ学生が除外され、次にイニシャルごとのGPAの違いについて分析を行なった。用いられたカテゴリーは（A・B・C・D・F・その他である）。その結果、イニシャルの主効果は1％水準で有意になった。そこで、多重比較を行なったところ、この効果は、その他＞Aのペア、そして、その他とD＞Cのペアが有意であることにより生じていた。この方向性はもともとの仮説を支持しない。また、人口統計学的なデータを統制した分析を行なったところ、やはり、イニシャルの主効果は有意になるものの、その方向性はもともとの仮説とは一致するものではなかった（また、Nelson & Simon, 2007の図表の縦軸が拡大されすぎていることにも注意）。

解説と関連する研究

そもそものはじまりはネームレター効果の発見である。これは、人は自分の名前のイニシャルのアルファベットを他のアルファベットに比べて好むという現象である。この現象が言及（Nuttin, 1985）されて以来、イニシャルと行動、イニシャルと属性についての多くの研究が行なわれるようになった。

その結果、人は単に自分の名前やイニシャルを好きなだけでなく、それがその人の行動に大きく影響するという結果が多数報告されるようになってきた。たとえば、人は、自分の名前と似ている職業に就き、自分の名前と似ている州に住みやすい（Pelham & Mauricio, 2015）、Doc（Dok, Med）という名前の人は医師になりやすく、Law（Lau, Att＝attorney）という名前の人は法律家になりやすい。医師は自分の専門分野を選択するときに自分のイニシャルと似ている専門を選びやすい。たとえば、Reymondは皮膚科医（dermatologists）よりは放射線科医（radiologist）になりやすい（Abel, 2010）。自分の名前と似ている株式を購入しやすい（Knewtson, & Sias, 2010）、買物場面において、自分と同じイニシャルのブランドを選びやすい（ネームレターブランディング効果：Brendl et al., 2005）などである。

ただし、この種の研究は成績の研究でもそうであったように常に多くの批判にさらされている。有名なものは、イニシャルがKの野球選手は三振しやすい（Nelson & Simmons, 2007）か、そんなことはないか（McCullough, & McWilliams, 2010）の論争、イニシャルがDの人は早く死ぬ（Abel & Kruger, 2009）か、そんなことはないか（Smith, 2012）の論争などである。総合的に見ると、名前全体の効果はともかくとして、イニシャル1文字の効果についてはあまり信頼できないように思われる。

Abel, E. L. (2010). Influence of names on career choices in medicine. *Names*, 58(2), 65-74.
Abel, E. L. & Kruger, M. L. (2009) Athletes, doctors, and lawyers with first names beginning with “D” die sooner, *Death Studies*, 34(1), 71-81,
Brendl, C. M., Chattopadhyay, A., Pelham, B. W., & Carvallo, M. (2005). Name letter branding: Valence transfers when product specific needs are active. *Journal of Consumer Research*, 32(3), 405-415.

Knewtson, H. S., & Sias, R. W. (2010). Why Susie owns Starbucks: The name letter effect in security selection. *Journal of Business Research*, *63*(12), 1324-1327.

McCullough, B. D., & McWilliams, T. P. (2010). Baseball players with the initial "K" do not strike out more often. *Journal of Applied Statistics*, *37*(6), 881-891.

Nuttin Jr., J. M. (1985). Narcissism beyond Gestalt and awareness: The name letter effect. *European Journal of Social Psychology*, *15*(3), 353-361.

Pelham, B., & Mauricio, C. (2015). When Tex and Tess carpenter build houses in Texas: Moderators of implicit egotism. *Self and Identity*, *14*(6), 692-723.

Smith, G. (2012). Do people whose names begin with "D" really die young?. *Death Studies*, *36*(2), 182-189.

開拓地には珍しい名前が多い

もとになった論文

Varnum, M. E., & Kitayama, S. (2011). What's in a name? Popular names are less common on frontiers. *Psychological Science*, 22(2), 176-183.

未開の地を開拓していく挑戦的な精神のことをフロンティアスピリッツという。このような精神をもっている人は既成の制度や秩序を打ち破ろうとする行動傾向をもっていると考えられる。とすると、開拓者は子どもに名前をつける場合にも、伝統的で人気のある名前よりもより新しく珍しい名前をつけるのではないだろうか。本研究では、これを検証することにした。

第1研究では、まず社会保障局のデータから2007年につけられた名前をランキングし、最もポピュラーな10個の名前を選び出した。次に、2007年にアメリカの各州ごとに生まれた子どもにこのポ

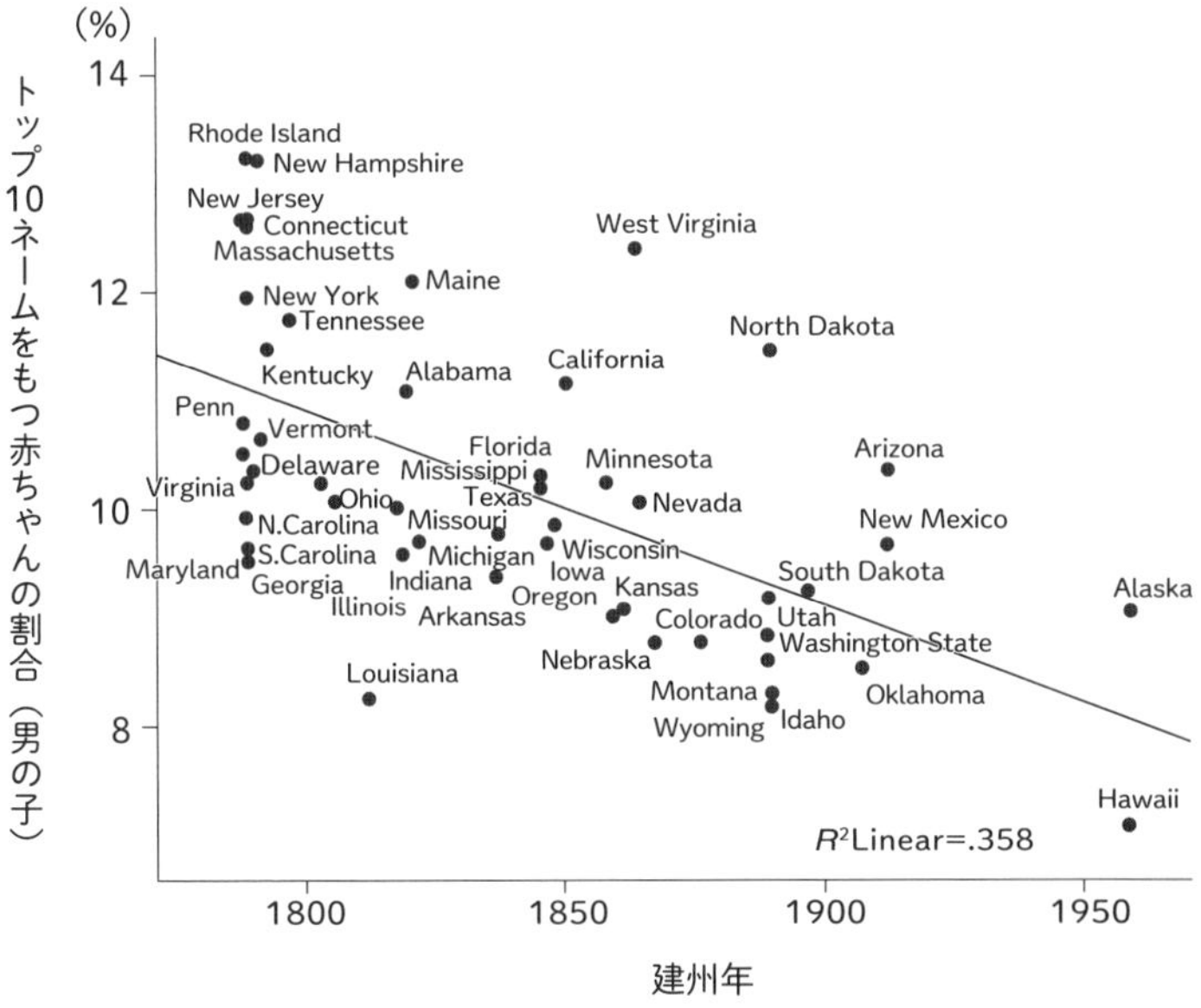

図１　アメリカ各州の建州年とありふれた名前の割合

ピュラーな名前がつけられた割合を算出した。州ごとの散布図を上に示す。また、ニューイングランド地域の州（アメリカで最も早く設立された州の一部）と、マウンテンウェストおよびパシフィックノースウェスト地域のフロンティア州（最近に定住したフロンティア州）で、これらの割合に差があるかについて分析した。その結果、男女ともに有意な差が検出された（男児：$F(1, 12)=70.78$, $p<.001$, $d=4.39$, 女児：$F(1, 12)=103.80$, $p<.001$, $d=5.34$）。この結果は人種等の要因を統制しても見られた。

第2研究では、同様の分析をカナダで行なった。カナダでは、西部地域はフロンティアで、東部地域は初

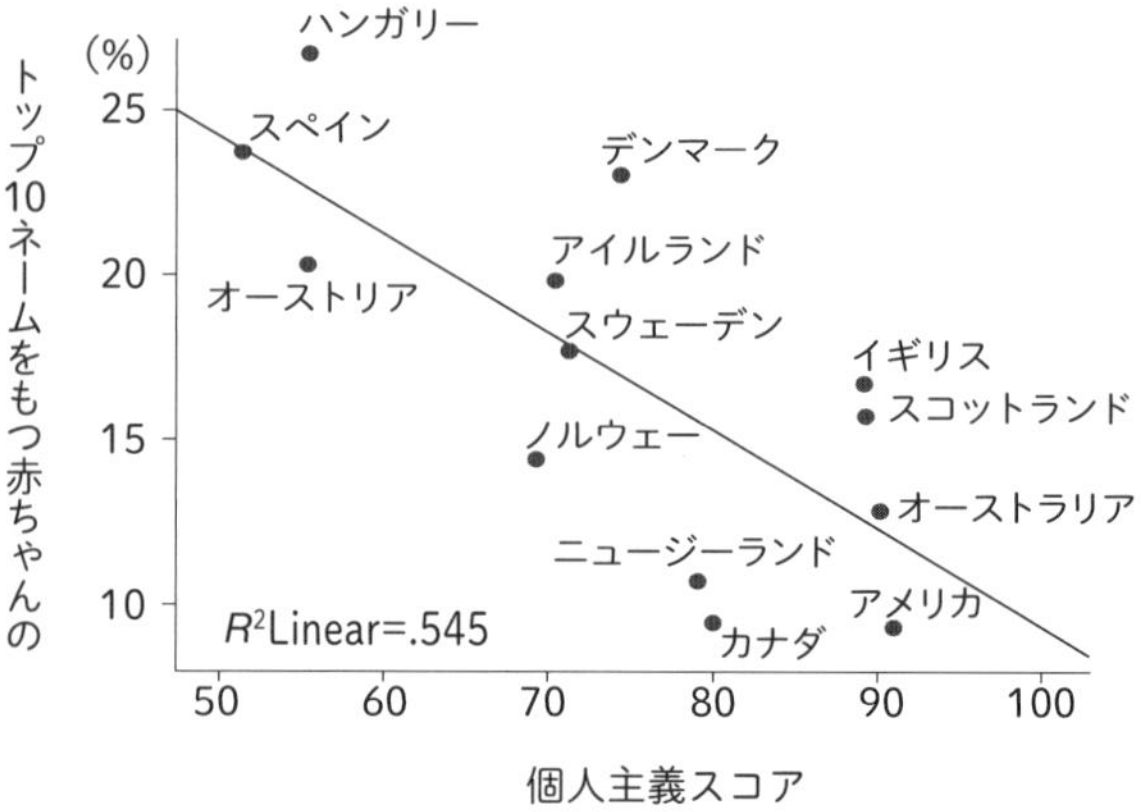

図２　各国の個人主義スコアとありふれた名前の関係

期から人が定住していた。そのため、東部地域の州は西部地域の州に比べ、よりポピュラーな名前が赤ちゃんにつけられるだろうと予測された。分析の結果、この予測は統計的にも裏づけられた。最も人気のある10の名前がつけられた男の子（$F(1, 5) = 22.76, p = .005$）、女の子（$F(1, 5) = 5.73, p = .06$）で、西部と東部の差が有意になった。この結果は、フランス語圏か英語圏かなどの要因を統制しても見られた。

第3研究では、これを国際的な観点に広げ、ヨーロッパの伝統的な9か国（オーストリア、デンマーク、イングランド、ハンガリー、アイルランド、ノルウェー、スコットランド、スペイン、スウェーデン）と4つのフロンティア国（オーストラリア、カナダ、ニュージーランド、アメリカ）で同様の現象が見られるかを検討した。最も人気のある10の名前がつけられるのは男の子（$F(1, 11) = 18.43, p = .001$）、でも女の子（$F(1, 11) = 18.97, p = .001$）でも、ヨーロッパ諸国で多く、フロンティア国では少なかった。

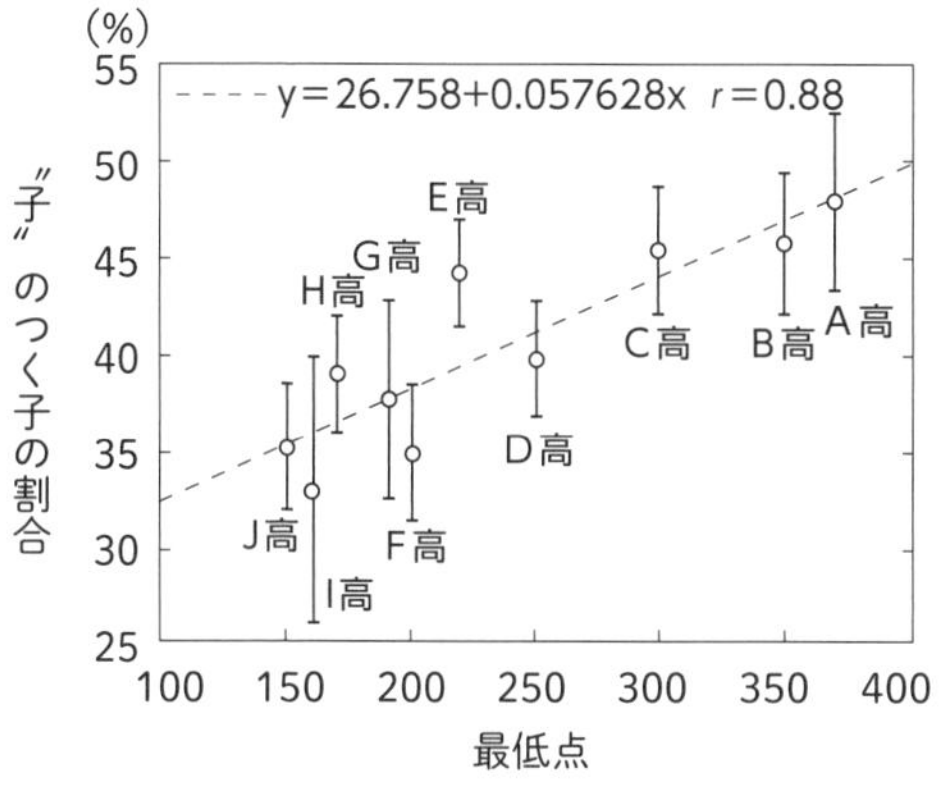

図3　某県の高校の入学者の学校別入試最低点と「子」のつく子の割合（1992年データ）

解説と関連する研究

本研究は、名前の地理的な分布について調査したものであるが、同様の問題を時間経過に焦点を当てて研究したものとして、トゥエンジら（Twenge, Abebe, & Campbell, 2010）がある。この研究では、アメリカで個人主義が一般的になっていくに従って、ポピュラーな名前の子どもが減り、ユニークな名前が増加することが示されている。また、彼らは、1960～2008年に出版された76万6513冊のアメリカの本の代名詞の使用の変化を調べ、アメリカで個人主義の進展に従って、we・usの使用頻度が10％減少し、I・meの使用が42％増えたことも示している（Twenge, Campbell, & Gentile, 2013）。

個人主義とユニークな名前の研究に関しては、日本では若干、複雑な様相を呈している。それは漢字やひらがな、カタカナなど表記形態が複雑だからである。そのような困難な中、荻原ら（Ogihara et al., 2015）は、個人主義の進展に従って、名前の表記に関しては一般的な漢字の使用が増加しているが、読みに関してはよりユニークになってきたという結果を報告している。また、日本の女性の名前には古くから「○○子」というタイプの名前があるが、近年はこのような名前は減少し、よりユニークで新しいタイプの名前をつける親が増えてきている。現在、あえて「○○子」という名前をつける家族は伝統的で保守的な価値観をもっていると考えられる。金原（１９９５）はある県の高校の合格者リストを分析し、学力レベルの高い高校ほど「子」のつく名前の割合が多いということを明らかにした。これは、なんらかのメカニズムで伝統的で保守的な家庭や教育方針が学力の向上と結びつくことを意味しているのかもしれない。

金原克範（１９９５）子のつく名前の女の子は頭がいい　洋泉社

Ogihara, Y., Fujita, H., Tominaga, H., Ishigaki, S., Kashimoto, T., Takahashi, A., ... & Uchida, Y. (2015). Are common names becoming less common? The rise in uniqueness and individualism in Japan. *Frontiers in Psychology*, *6*, 1490.

Twenge, J. M., Abebe, E. M., & Campbell, W. K. (2010). Fitting in or standing out: Trends in American parents' choices for children's names, 1880–2007. *Social Psychological and Personality Science*, *1*(1), 19-25.

Twenge, J. M., Campbell, W. K., & Gentile, B. (2013). Changes in pronoun use in American books and the rise of individualism, 1960-2008. *Journal of Cross-Cultural Psychology*, *44*(3), 406-415.

スミスという名前の人はテイラーよりも屈強

もとになった論文

Bäumler, G. (1980). Differences in physique in men called ‘Smith’ or ‘Tailor’ considered as results of a genetic effect dating back over several centuries. *Personality and Individual Differences, 1*(3), 308-310.

体格と職業選択や職業適性には密接な関係がある。たとえば、中世において自分の職業を選択する場合、身体的に頑丈で大きな人は鍛冶屋に弟子入りしやすく、背が小さく体力はないが器用な人は仕立屋に弟子入りしたであろう。ところで、体格や身長、体重は遺伝に強く規定される。とするならば、鍛冶屋の家系は比較的りっぱな体格の人が多く、仕立屋の家系はそれに比べて体格は貧弱だが器用な人が多いことが予想される。中世（13～16世紀）にかけて、名字が使用されることが多くなり、それまで名字をもたなかった多くの人が自分の職業を名字にした。その結果として鍛冶屋にはスミスとい

う名前が、仕立屋にはテイラーという名前が多くなった（Smithという名は鍛冶屋（職人）という意味からきており、鉄を扱う鍛冶屋はBlacksmith、ブリキを扱う鍛冶屋はWhitesmith、銃をつくる職人はGunsmithと呼ばれていた）。名前を任意に変更することは認められにくいし、最近まで、鍛冶屋や仕立屋の息子は家を継ぐこと、娘は同じギルドの中で配偶者を選択する社会的な圧力が存在していたので、この傾向は現在でも引き継がれている可能性が高い。もちろん、現在は職業が多様化し、世代を通じて、さまざまな人の入れ替わりがあった可能性はあるが、十分に大きなサンプルを調査すれば、この差を検出することは可能であろう（Voracek et al., 2015）。そこで、本研究では、スミスとテイラーで体格の差が検出されるかについて検討を行なった。

ミュンヘンとニュルンベルクの電話局でスミス（シュミット）またはテイラー（シュナイダー）という名前のすべての男性に手紙で連絡し、質問票を送り、回答されたものを分析対象とした。回答者は、20～63歳で、拒否率はおおよそ30％であった。

分析の結果（1）テイラーは器用さを要求される職業にスミスは強さを要求される職業についていることが多い、（2）スミスのほうがウェイトリフティングやボートなどの筋力が要求されるスポーツが自分に向いていると思い、テイラーはアーチェリー、ボウリングなど技能が要求されるスポーツに向いていると思うことが多く、（3）スミスのほうがテイラーより身長が高く、体重が重く、体格が堅牢である、（4）スミスのほうがテイラーより強靭さが必要な娯楽を好む、ということが明らかになった。

表　スポーツカテゴリーとSmith，Tailorの割合

研究	名前	スポーツカテゴリー		
	N_{cat}	ライト	ミディアム	ヘビー
Bäumler, 1984	Tailor	1.14%	0.22%	0.09%
	Smith	0.98%	1.23%	1.70%
Stemmler & Bäumler, 2003	Tailor	1.17%	0.69%	
	Smith	1.47%	2.01%	
Study 2 (Austrian/German sample)	Tailor	0.39%	0.91%	0.64%
	Smith	0.85%	1.16%	1.56%
Study 2(UK sample)	Tailor	0.47%	0.43%	0.72%
	Smith	1.12%	1.40%	1.61%

このスミスとテイラー問題に関しては、このほかに4つの研究が報告されている。残りの3つの研究ではいずれも陸上競技の選手に占めるスミスとテイラーの比率について検討されている。まず、陸上競技を身体の強靭さや大きさを要求するようなヘビー競技（砲丸投げや円盤投げ）、強靭さと耐久力のバランスが重要なミディアム競技（棒高跳び、短中距離走）、もっぱら耐久力を要求するようなライト競技（1500メートル走や1万メートル走）に分け、それぞれの種目のアスリートに占めるスミスとテイラーの割合を算出する。もし、スミス—テイラー仮説が正しいのであれば、ヘビー競技では、スミス（シュミット）という名前が多く、ライト競技では、テイラー（シュナイダー）という名前が多くなるはずである。この方法論で行なわれた3つの研究の結果を上の表に示す。興味深いことに、おおむねこの仮説は検証された。

Bäumler, G. (1984). Differential prevalence of surnames 'Smith' and 'Tailor' among top athletes of track and field events: A contribution to human population genetics [in German]. *Psychologische Beiträge*, *26*, 553–559.

Stemmler, M., & Bäumler, G. (2003). Testing the statistical association between family names and success in certain athletic disciplines in men called 'Smith' or 'Tailor'. *Psychological Science*, *45*(2), 254-262.

Voracek, M., Rieder, S., Stieger, S., & Swami, V. (2015). What's in a surname? Physique, aptitude, and sports type comparisons between Tailors and Smiths. *PLoS ONE*, *10*(7), e0131795.

女性の名前のハリケーンは危険

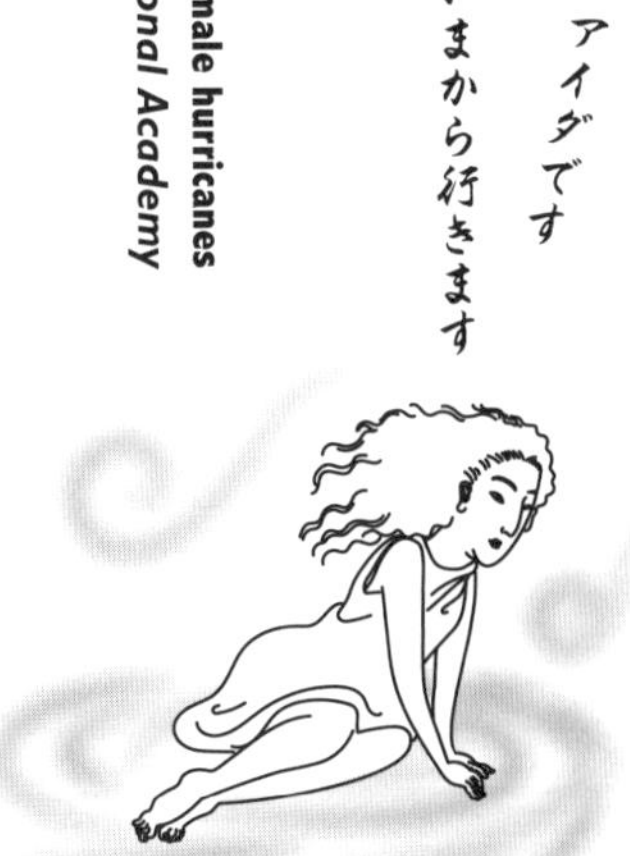

もとになった論文

Jung, K., Shavitt, S., Viswanathan, M., & Hilbe, J. M. (2014). Female hurricanes are deadlier than male hurricanes. *Proceedings of the National Academy of Sciences, 111*(24), 8782-8787.

ハリケーンには、ハリケーン・アイダなど人名がつけられる慣習がある。１９７９年までは、女性の名前だけが使われていたが、その後、現在にいたるまで男性の名前もつけられるようになった。さて、この名前とハリケーン被害に関連があることを明らかにし、そのメカニズムについて検討したのが、この論文である。

まず、最初のアーカイブ研究では、１９５０～２０１２年にアメリカに上陸した94の大西洋ハリケーンについて、その被害状況と名前の関連が分析された。ハリケーンの名前については、仮説を知らされていない9人の英語ネイティブの評価者（女性4人、男性5人）がその名前について「非常に男性的（1）」から「非常に女性的（11）」まで、11段階で評価した（平均評価値：MFI＝6.78)。次に極端に被害者の多いカトリーナ（1833人死亡）とオードリー（416人死亡）を外れ値として分析から除外し、92個のハリケーンの名前の男性性―女性性評価値から被害者の数を予測する回帰モデルを構成した。このモデルによれば、ハリケーンの名前がより女性的になるほど、被害が大きくなることがわかった。たとえば、比較的男性的な名前のハリケーン(MFI＝3）は15・15人の死亡を予測したが、比較的女性的な名前のハリケーン（MFI＝9）は41・84人の死亡を予測した。

この現象についてユングら（Jung et al., 2014）はハリケーンの命名が被害の大きさに関連しているのではないかと考えた。つまり、ハリケーンが男性名だとその力強さや荒々しさのステレオタイプのイメージが感じられ、人々はより警戒したり、避難したりするために被害が少なくなり、一方で女性的な名前の場合には、女性的な弱いイメージが感じられるので、その威力を過小評価してしまうというのである。

そこで、これを検証するために、次に実験的な検討が行なわれた。

第1実験では、2014年にアメリカに上陸した大西洋ハリケーンの公式名から男性の名前5つと女性の名前5つを使用した。346人の実験参加者が、それらの名前のハリケーンについて、より強力（strong）なハリケーンか、また、より威力（intense）がありそうかについて、7段階で評価した（非常に弱い（1）～非常に強い（7））。その結果、予想どおり、男性の名前のハリケーン（Arthur＝4.25、

Cristobal＝4.46, Omar＝4.57, Kyle＝4.28, Marco＝4.38）は、女性の名前のハリケーン（Bertha＝4.52, Dolly＝4.01, Fay＝4.04）よりも強力であると予測された。第2実験〜第6実験では、参加者に仮想のハリケーンについての資料が呈示され（その中には男性名のもの、女性名のもの、統制群（単にハリケーンとだけ表記する））、その威力の推定値、リスクの推定値、避難したいと思う程度の違いを推定させた。その結果、いずれの実験でも男性名のハリケーンのほうが女性名のものよりも高い値となった。

ハリケーンの命名という些細な問題がその被害を規定する可能性があるので、メディアや政治家はこの問題について真剣に考えるべきである。

解説と関連する研究

この研究は、マスコミ等で広く報道されたことと、すべてのデータが公開されていることから、いくつもの再分析研究、批判論文が登場した。論点はいくつかあるが、メリー（Maley, 2014）の論文では、以下の点から批判が行なわれている。

1つ目は1979年以前のハリケーンはすべて女性の名前がついているのに、この研究では、それ以前の1950年からのデータを使用しているのが不自然だという点である。2つ目は、この調査における1900人の死者のうち、732人、つまり38・5％は、ハリケーン・ダイアン（1955年）、カミーユ（１９６９年）、アグネス（１９７２年）、サンディ（２０１２年）が占めており、これが外れ値となって結果を左右しているというものである。つまり、被害が大きかったこの４つ（当初に分析から除外された２つのハリケーンも含めると６つ）のハリケーンがたまたま女性の名前だったからこのような結果が出ているにすぎない。しかも、被害が大きかったハリケーンのうち１９７９年以降に生じて男性の名前がつけられる可能性があったのはカトリーナとサンディだけだから、これが単なる偶然である確率はさらに高い。

Maley, S. (2014). Statistics show no evidence of gender bias in the public's hurricane preparedness. *Proceedings of the National Academy of Sciences, 111*(37), E3834.

人は自分と同じイニシャルのハリケーンの被害に募金する

もとになった論文

Chandler, J., Griffin, T. M., & Sorensen, N. (2008). In the "I" of the storm: Shared initials increase disaster donations. ***Judgment and Decision Making*****, 3(5), 404-410.**

人は自分と類似している属性をもつ人物に対して好意的になり、より援助をしやすいことが明らかになっている。では、これはイニシャルや名前の類似性にも拡張できるのだろうか。そこで、この研究では、ハリケーンの被害復興のための募金をする場合、ハリケーンの名前とイニシャルが一致している人は寄付しやすくなるのかを検討した。使用したのは、赤十字の寄付データベースである。このデータベースには、寄付額は載せられていないが、寄付した人の名前は載せられているので、それをもとに分析が行なわれた。

表　同じイニシャルの人のハリケーン前後の募金割合

ハリケーン		異なったイニシャルの募金者	同じイニシャルの募金者	同じイニシャルの募金者の割合
チャーリー(C)	前	1220	82	6.30%
	後	415	38	8.39%
	$\chi^2(1)=2.31, p=.065$			
フランシス(F)	前	1370	28	2.00%
	後	545	17	3.02%
	$\chi^2(1)=1.81, p=.086$			
イヴァン(I)	前	1294	6	0.46%
	後	718	7	0.97%
	$\chi^2(1)=1.85, p=.086$			
ウィルマ(W)	前	6436	167	2.53%
	後	1402	46	3.18%
	$\chi^2(1)=1.93, p=.082$			

第1研究では、ハリケーン・カトリーナを対象に分析を行なった。カトリーナは2005年8月にアメリカ本土に上陸して甚大な被害を出した。その後、赤十字への寄付は急増した。そこで、まず、カトリーナ上陸前6か月の赤十字への寄付に占めるKがイニシャルの人の割合を計算したところ、4・20%であった。次にカトリーナ上陸後2か月の寄付におけるこの割合を計算したところ5・37%に増加した（$\chi^2(1)=5.49, p<.02$）。募金の種類ごとに分析してみると一般的なファンドへの寄付はほとんど変わらなかったが、災害関係、ハリケーン関係、そしてカトリーナに特化したファンドへの寄付は大きく増加していた。

同様の結果は、ハリケーン・ミッチでも見られたが、ハリケーン・リタでは見られなかった。そこで、最も大きな被害を出した10個のハリケーンの中からすでに分析対象となった前述のハリケーンを除き、赤十字のデータが入手可能な残り4つのハリケーン・チャーリー（2004年8月）、フランシス（2004年9月）、イヴァン（2004年9月）、ウィルマ（2005年10月）について分析を行なってみた。その結果、すべてのハリケーンでハリケーンと同じイニシャルの人の寄付が増加していることがわかった。ただし、いずれも有意差は$p<.1$であり明確ではなかった。そこで、いままで分析してきたすべてのハリケーンのデータについてメタ分析を行なったところ、オッズ比は1・17［1.06, 1.28］［注：95％信頼区間］、で$p<.002$となった。

解説と関連する研究

自分と同じイニシャルのものには親近感を感じ、援助などの行動が多くなることは、他の研究でも示されている。たとえばベッカーズ（Bekkers, 2010）は、大学への寄付を卒業生に募る電話勧誘において、勧誘者が、電話の相手と同じイニシャルだった場合により寄付が行なわれやすいこと（ただし、女性のみ）、また大学の名前と似ている名前をもつ人は寄付しやすいこと（この研究は、ユトレヒト大学（Utrecht University）で行なわれたので、たとえばＵｎａは寄付しやすい）を示した。また、オーツとウィルソン（Oates & Wilson, 2002）は、アンケートメール（「私は大学生で、マスコットについて研究しています。あなたの街のスポーツマスコットを教えてください」という内容）をさまざまな人に送り、返事がくるかどうかを検討したところ、送り主と送り先の人物の名前や名字が一致しているほど返事がきやすいということが明らかになった。想像されるとおり、この傾向は珍しい名前の場合顕著になった。

Bekkers, R. (2010). George gives to geology Jane: The name letter effect and incidental similarity cues in fundraising. *International Journal of Nonprofit and Voluntary Sector Marketing*, 15(2), 172-180.

Oates, K., & Wilson, M. (2002). Nominal kinship cues facilitate altruism. *Proceedings of the Royal Society of London. Series B: Biological Sciences*, 269(1487), 105-109.

その八

おそるべきミュージック

失業率が高まるとヒットチャートに怒りの歌詞が増える

もとになった論文

Qiu, L., Chan, S. H. M., Ito, K., & Sam, J. Y. T. (2020). Unemployment rate predicts anger in popular music lyrics: Evidence from top 10 songs in the United States and Germany from 1980 to 2017. *Psychology of Popular Media,* 10(2), 256-266.

ヒットソングの歌詞は、その時代の空気を反映するといわれている。つまり、その時々にヒットした曲の歌詞を分析すれば、その時代の人の心情を理解する助けになると思われる。この研究では、その時々のヒットチャートの曲の歌詞の中のネガティブな感情用語と失業率の関係について分析した。対象としたのはアメリカとドイツである。アメリカのヒットチャートに入ってくる曲のほとんどすべてがアメリカでつくられた曲である。一方でドイツでは世界中のさまざまな言語の曲がヒットチャートに現われる。それぞれの国でヒットソングの歌詞と失業率の間にはなんらかの関連が見られるだろ

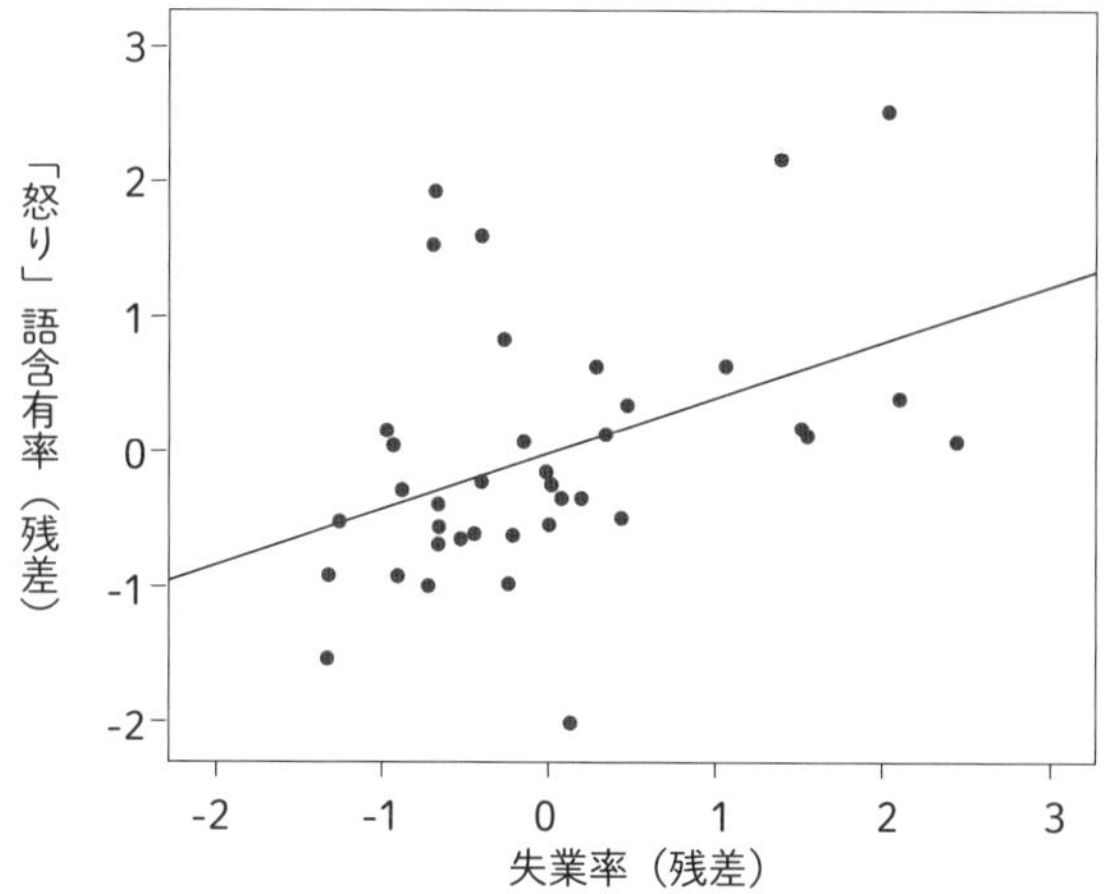

図　失業率と歌詞中の怒り関連語の関係（アメリカサンプル）

うか。

まず、それぞれの国の１９８０〜２０１７年の毎年のベスト10のヒットチャート曲を収集した。アメリカのヒットチャート曲のほぼすべてが英語だったが、インストルメントの曲とスペイン語とのミックスの曲があったのでこれは分析から除外した。ドイツのヒットチャート曲の中にはドイツ語、英語、スペイン語、イタリア語、フランス語、ポルトガル語のものが含まれていた。

歌詞の分析には、歌詞に含まれるネガティブ用語を分析するソフトであるＬＩＷＣ（Linguistic Inquiry and Word Count）が用いられた。これによって、それぞれの曲の中に含まれている「怒り」「不安」「悲しみ」に関する単語を抽出して得点化した。分析対象になったのは、アメリカサンプルで14万９６６０語、ドイツサンプルで12万76語であった。失業率に関してはそれぞれの国の国内失業率についての公的な統計を利用した。

これらの間の相関について重回帰分析で分析を行なった。いくつかのモデルが使用されたが、ここでは、それぞれの単語の出現に関する得点を従属変数とし、失業率を独立変数とした分析について見てみる。インフレ指数、GDPの効果を統計的に除外してこれらの関係を見てみると、「怒り」の語だけが失業率と有意な相関があることがわかった。これより失業率の増加とヒットソングにおける「怒り」の歌詞の間に相関があることがわかった（アメリカサンプルでもドイツサンプルでもr＝.35～.42程度）。

解説と関連する研究

時代ごとの心性を研究する方法として、ヒットソングの歌詞の分析は一つの有力な手法である。マダニキアとバルトロメオ（Madanikia & Bartholomew, 2014）は、1971～2011年のビルボードイヤーエンドホット100シングルソングの上位40曲のラブソングの歌詞の変化を分析し、ロマンティックラブに関する歌詞が減少し、性的欲求に関する歌詞が増加したことを明らかにしている。これは愛なきセクシャリティという概念が文化的に受け入れられてきたことと関連していると考えられる。

また、過激な歌詞や怒りの歌詞による攻撃性増進効果の存在についての研究が行なわれている。たとえば、マストとマックアンドリュー（Mast & McAndrew, 2011）は、ヘビーメタルの攻撃的な歌詞の曲を聴くと、他人の飲料により多くのホットソースを入れるという実験を報告している。しかし、たとえば、サンら（Sun et al., 2019）などの近年の多くの研究は、いわゆる有害な歌詞の曲やデスメタルなどの曲のファンがとくに反社会的なパーソナリティをもっていたり、攻撃的であるわけではないということを示している。

Madanikia, Y., & Bartholomew, K. (2014). Themes of lust and love in popular music lyrics from 1971 to 2011. *SAGE Open*, *4*(3), 2158244014547179.

Mast, J. F., & McAndrew, F. T. (2011). Violent lyrics in heavy metal music can increase aggression in males. *North American Journal of Psychology*, 13(1), 63-64.

Sun, Y., Lu, X., Williams, M., & Thompson, W. F. (2019). Implicit violent imagery processing among fans and non-fans of music with violent themes. *Royal Society Open Science*, *6*(3), 181580.

ホワイトノイズを聞かせただけなのに32%の人にはホワイトクリスマスが聞こえる

もとになった論文

Merckelbach, H., & van de Ven, V. (2001). Another White Christmas: Fantasy proneness and reports of 'hallucinatory experiences' in undergraduate students. *Journal of Behavior Therapy and Experimental Psychiatry*, 32(3), 137-144.

空耳という現象がある。実際にはなにも聞こえないのになにかが聞こえるような状態である。空耳の最も極端なケースは幻聴になるが、そもそも空耳を生じやすい人と生じにくい人はどこか異なるのだろうか。この問題を研究したのが本研究で、空耳を起こさせるためにホワイトノイズの中から実際には流れていない曲を聞いてしまう状況をつくり、空耳が生じる人と生じない人の差について調べている。

実験に参加したのは、44人の心理学と医学を専攻する学生である。まず、最初に彼らに、ビング・クロスビーのホワイトクリスマスを聞いてもらい、その曲を聞いたことはあるかを尋ねた。その結果、すべての参加者が聞いたことがあると答えた。次に、彼らにヘッドフォンをつけてもらった。ヘッドフォンからはホワイトノイズが聞こえてくる。実験者は「これは聴覚の実験です。ホワイトノイズの中に閾値下でホワイトクリスマスが流れているので、これを聞き取ることができたらボタンを押してください」と教示した。もし、断片的に複数回聞こえた場合にはボタンを複数回押すことも可能である。しかし、実際にはホワイトノイズの中には、ホワイトクリスマスは含まれていなかった。実験参加者は3分間ホワイトノイズ課題を行なった。課題終了後、ノイズの中にホワイトクリスマスが聞こえた程度について「その曲はまったく聞こえなかった」から「クリアに確実に聞こえた」まで100段階で評価してもらった。実験終了後、いくつかの心理尺度が行なわれた。

44人の参加者のうち、14人（32%）が1回以上ボタンを押した。彼らの平均ボタン押し回数は、2・9回で最もボタンをたくさん押した参加者は12回であった。

ボタンを押した参加者は、押さなかった参加者と比較して、空想癖（CEQ：Creative Experience Questionnaire）と幻覚尺度（LSHS：Launay-Slade Hallucination Scale）の心理尺度のスコアが高かった。CEQは、「一般的に、私は一日の少なくとも半分を空想または想像に費やします」「私のファンタジーはとても鮮やかなので、まるで映画のようです」「私は自分の空想を実際の出来事の記憶と混同する傾向があります」などの項目からなっている尺度で、LSHSは、「時々私の考えは私の人生の実際の出来事と同じくらいリアルに見える」「頭の中で声が聞こえて困っています」などの項目からなっている尺度である。ボタンを押した人と押さなかった人のそれぞれの尺度の差を検定するとCEQで $t(42)=2.0, p<.05$、LSHSで $t(42)=2.4, p<.02$ でともに有意となった。ロジスティック回帰分析の結果、これらのうち、空想癖のスコアがよりボタン押しと関連していることがわかった。

解説と関連する研究

実際には流れていない曲を空耳で聞かせる研究は、幻聴の研究などで時々用いられるテクニックである。幻聴というのはなにか特別で異常な現象のように思えるが、程度の問題であり、誰でも多かれ少なかれ空耳のような幻聴は体験している。「空耳」研究では、なぜか、ビング・クロスビーの「ホワイトクリスマス」が材料に使われることが多い。最もポピュラーで最も空耳が生じやすい曲なのであろう。最初にこれを用いたのは、バーバーとカルバーリー（Barber & Calverley, 1964）で、彼らは催眠深度を測定するためにこれを導入し、この手続きにWCT（ホワイトクリスマステスト）という名前をつけた。これは実験参加者に目を閉じてもらってホワイトクリスマスのレコードをかけているところを想像してもらい、それがどの程度、鮮明に聞こえたかを評価するものであった。その後、ミンツとアルファート（Mintz & Alpert, 1972）は、一般の人は40％がWCTで「ホワイトクリスマス」

の歌を聞いたと報告したのに対し、統合失調症の人ははるかに大きな割合で（85％）ホワイトクリスマスを聞くことを報告し、統合失調症の幻聴が一種の高められた聴覚的想像力なのではないかというモデルを提案した。その後、クロウら（Crowe et al., 2011）は、一般の人でも、カフェインの摂取とストレスによって、ホワイトノイズの中から実際には流れていないホワイトクリスマスを聞きやすくなるということを示している。

また、われわれは日々の生活の中で、ある曲が何度も何度も自然に浮かんできてとれなくなるという経験をすることがある。これはイヤーワーム（あるいはstuck song syndrome）といわれている現象である。ビーマンとウィリアムス（Beaman & Williams, 2010）は、これは比較的ありふれた現象であること、イヤーワームを意識的に押さえ込もうとするとかえって浮かんできてしまうことを示している。また、ビーティら（Beaty et al., 2013）はイヤーワームは幻聴と異なり多くの人にとって、心地よい現象であることを報告している。

Barber, T. X., & Calverley, D. S. (1964). An experimental study of "hypnotic"(auditory and visual) hallucinations. *The Journal of Abnormal and Social Psychology*, *68*(1), 13-20.

Beaman, C. P., & Williams, T. I. (2010). Earworms (stuck song syndrome): Towards a natural history of intrusive thoughts. *British Journal of Psychology*, *101*(4), 637-653.

Beaty, R. E., Burgin, C. J., Nusbaum, E. C., Kwapil, T. R., Hodges, D. A., & Silvia, P. J. (2013). Music to the inner ears: Exploring individual differences in musical imagery. *Consciousness and Cognition*, *22*(4), 1163-1173.

Crowe, S. F., Barot, J., Caldow, S., d'Aspromonte, J., Dell'Orso, J., Di Clemente, A., ... & Sapega, S. (2011). The effect of caffeine and stress on auditory hallucinations in a non-clinical sample. *Personality and Individual Differences*, *50*(5), 626-630.

Mintz, S., & Alpert, M. (1972). Imagery vividness, reality testing, and schizophrenic hallucinations. *Journal of Abnormal Psychology*, *79*(3), 310-316.

マーラーを聴くと坂道は急に見える

もとになった論文

Riener, C. R., Stefanucci, J. K., Proffitt, D. R., & Clore, G. (2011). An effect of mood on the perception of geographical slant. *Cognition and Emotion*, 25(1), 174-182.

疲れていたり、重い荷物を持っていたり、健康状態が悪かったりすると、階段や坂道がいつもよりもきつい傾斜で見える場合がある。このように坂道の傾斜の認知は、客観的な傾斜以外に自分の側のコンディションにも依存している。この研究では、落ち込んでいるときや暗い気持ちのときは坂は急に見えるのかという問題について検討が行なわれた。

実験参加者は、音楽がさまざまな知覚課題に及ぼす効果の実験という名目で集められた。彼らはランダムに「落ち込む曲」群か「ハッピー曲」群のどちらかのグループに分けられた。次に彼らは、実

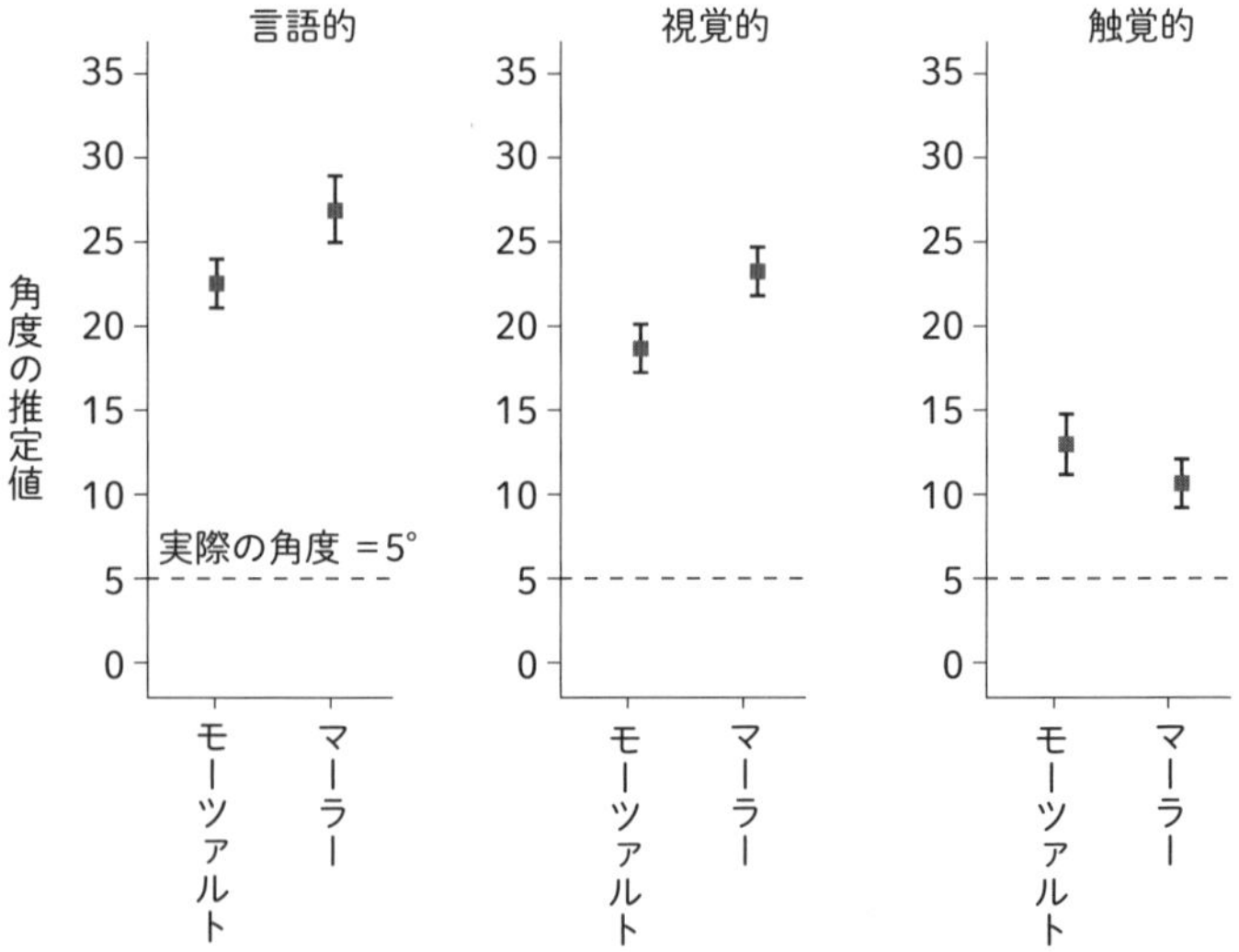

図　曲の種類と傾斜の知覚の関係

験室内でヘッドフォンから流れる曲を、「没入して、でも寝ないように」聴くように教示された。曲はループしていて終わるとまたはじめから流れるようになっている。ちなみに「落ち込む曲」として用いられたのは、マーラーの交響曲5番アダージェットで、「ハッピー曲」として用いられたのは、モーツァルトのアイネクライネナハトムジークであった。5分間音楽を聴いたところで彼らは音楽を聴いたまま屋外に連れ出され、大学構内にある土手の坂道の傾斜角度を見積もって、言語的（傾斜していない0度から垂直の90度までのどの程度かを答えさせる）、視覚的（角度を調整できるような装置を使って角度を再現させる）、触覚的（台を傾けてその傾斜と同じ角度をつくらせる）

の3つの方法で報告させた。

その結果、言語的、視覚的な条件では、モーツァルトの曲を聴いた群よりもマーラーの曲を聴いた群のほうが坂道の角度を急であると報告した。

第2実験は、ほぼ同じ手続きであるが、暗い曲やハッピーな曲を聴かせる代わりに、実験参加者に、人生において体験した「ネガティブな出来事」か「ポジティブな出来事」のアウトラインを思い浮かべさせるという手続きで行なわれた。参加者はそれらの体験を頭に思い浮かべながら、第1実験と同様の方法で傾斜角度を推定した。その結果、ネガティブな体験を思い浮かべた条件で、言語的、視覚的条件で傾斜が急に感じられることがわかった。触覚的な条件では差がなかった。

解説と関連する研究

バージニア大学のダニス・プロフィット（Danis Proffitt）名誉教授は、坂の傾斜や目的地までの距離の認知は、われわれの精神的、身体的なコンディションによって影響を受けるという研究を数多く行なっている。たとえば、重いものを持っていると傾斜はきつく、距離は遠く知覚されることを示している（Proffitt, 2006）。また、これも経験がある人がいると思うが、高所恐怖を感じていると、坂の上から見た傾斜が急に見えることをステファヌッチら（Stefanucci et al., 2008）は示している。この研究では急な坂道のてっぺんでスケートボードかあるいは木箱の上に乗って坂の傾斜を評価した。すると、実際には7度の傾斜の坂を平均25度と過剰に評価し、その状況に恐怖を感じている人ほどきつい傾斜であると評価することがわかった（スケートボードの上は不安定なので怖く感じる）。また、シュナルら（Schnall, Harber, Stefanucci & Proffitt, 2008）は、友人と一緒だったり、友人のことを考えると坂が緩く感じられるということを、別の研究では、ブドウ糖が含まれている甘い飲み物（ライビーナカシスジュース）を飲むと、ノンカロリー甘味料の飲み物（ライビーナライト）を飲んだときに比べ、坂の傾斜が緩く見えることが示されている（Schnall, Zadra, & Proffitt, 2010）。

Proffitt, D. R. (2006). Embodied perception and the economy of action. *Perspectives on Psychological Science, 1*(2), 110-122.

Schnall, S., Harber, K. D., Stefanucci, J. K., & Proffitt, D. R. (2008). Social support and the perception of geographical slant. *Journal of Experimental Social Psychology, 44*(5), 1246-1255.

Schnall, S., Zadra, J. R., & Proffitt, D. R. (2010). Direct evidence for the economy of action: Glucose and the perception of geographical slant. *Perception, 39*(4), 464-482.

Stefanucci, J. K., Proffitt, D. R., Clore, G. L., & Parekh, N. (2008). Skating down a steeper slope: Fear influences the perception of geographical slant. *Perception, 37*(2), 321-323.

その九

ウソと不正と犯罪と

目の写真を貼ると不正行為が減る

もとになった論文

Bateson, M., Nettle, D., & Roberts, G. (2006). Cues of being watched enhance cooperation in a real-world setting. *Biology Letters*, 2(3), 412-414.

この実験では、目の写真が呈示されることによって、お茶やコーヒーのただ飲みという不正行為が減少するかどうかを検討したものである。実験の舞台となったのは、ニューカッスル大学心理学部の事務室である。ここには、以前から自由にお茶やコーヒー、ミルクが飲めるコーナーが設置されているが、各自、セルフサービスでこれらの飲料を利用したあとで、その代金（お茶30ペンス・コーヒー50ペンス・ミルク10ペンス）を「正直ボックス（honesty box）」の中に入れることが要求されていた。しかし、実際には飲料を飲んでもお金を入れない人がいるのが現状だった。そこで、利用者の目の高

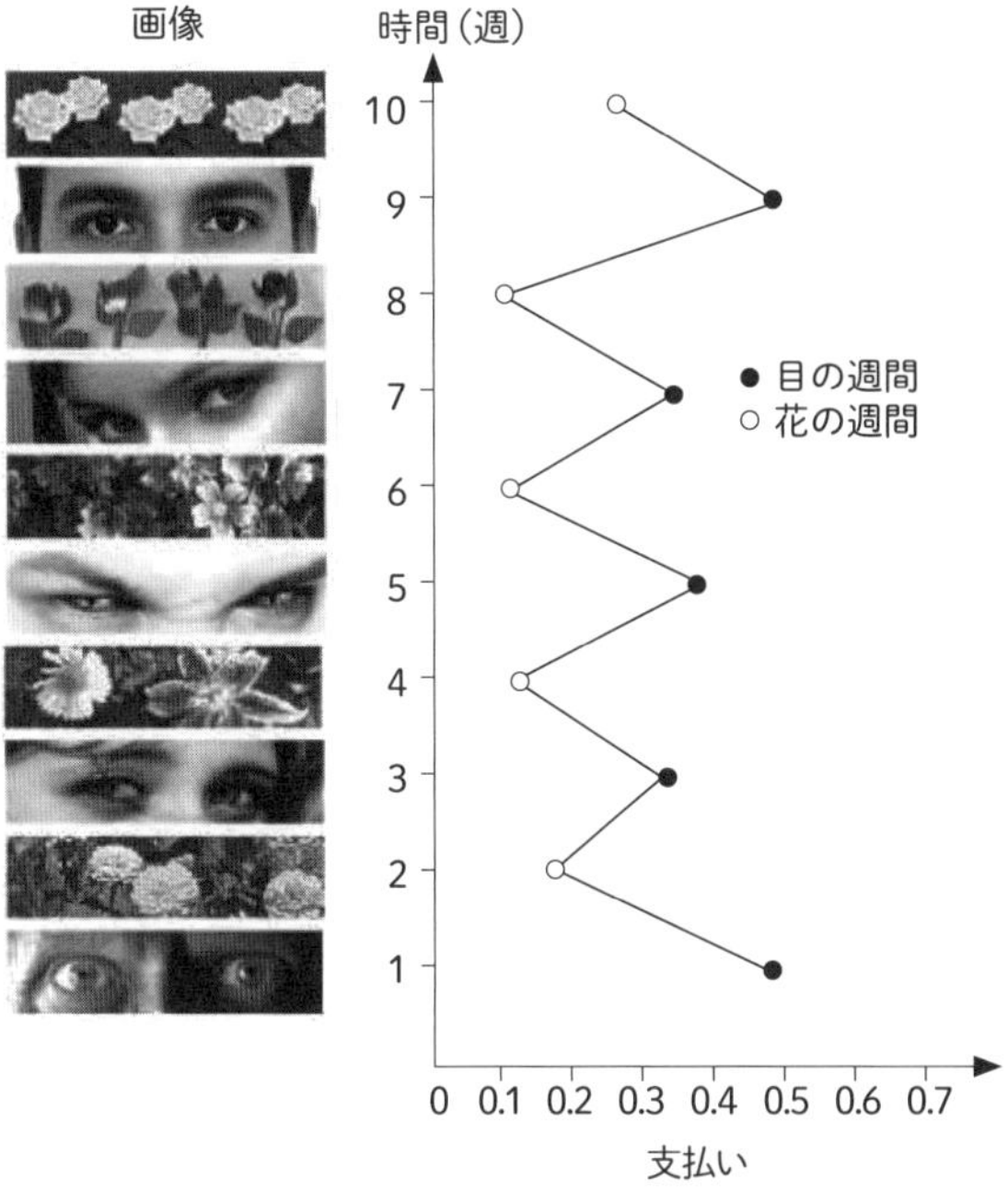

図　代金箱の前に貼られた写真と支払い率の関係

さの位置に、150ミリ×30ミリのバナータイプの掲示を週替わりで貼り出した。バナーは目か花の写真で毎週交互に貼り出された。画像は白黒で目の画像は性別や顔の向きがさまざまに異なった。正直ボックスに入れられた金額は毎週集計され、消費量の指標としてミルクの消費量で割った金額が計算された。

分析の結果、画像の種類（目か花）の効果が有意になった（$F(1,7) = 11.551$, $p = .011$）、週の効果や交互作用は有意ではなかった。平均して、人々は花（1リットルあたり0・51±0・030ポンド）よりも目（1リットルあたり0・417±0・081ポンド）で週に2・76倍の金額を支払った。目の画像が呈示されることによって、人々は自分が見られていると感じて、これによってお金を払わないでお茶やコーヒー、ミルクを飲むという不正行為が抑制されたのだと考えられる。

解説と関連する研究

この研究は、目の写真を呈示するという非常に単純な方法によって人々の不正行為を減少させることができるというものであり、心理学の分野のみならず、社会的に大きなインパクトを与えた。その後、目の刺激によって寄付行動などの向社会的行動が増加するという研究も現われ、非常にたくさんの実証研究が報告された。

最近では、COVID-19の流行に関連して目の刺激による衛生行動の促進の研究がいくつか行なわれている。たとえばモベックら（Mobekk et al., 2020）は、ジムで運動器具を使ったあと、それを消毒させる行動を目の写真つき消毒スプレーを置くことで促進できることを示している。

しかし、比較的初期からこの効果には懐疑的な見解や追試の失敗も数多く報告されていた。そこで、メタ分析研究が行なわれた。反社会行動の抑制については、ディアら（Dear, Dutton, & Fox, 2019）が、寄付行動の増加については、ネトルら（Nettle et al., 2013）とノースオーバーら（Northover et al.,

2017）がメタ分析を行なった。その結果、どの研究でも、目の刺激の効果は見られないことがわかった。しかし、まだ結論は出ていないと主張する研究者も少なくなく、ポジティブな効果を報告する論文は絶えない。結果を統制する要因の発見も含め、さらなる研究が必要であろう。

ちなみにこの現象は動物が捕食動物から狙われていることを素早く検出するメカニズムの一環として論じられる場合がある。そこで、ネイランズら（Neilands et al., 2020）は、犬にもこの効果が存在するかを調べてみた。具体的には目の刺激によって餌を盗む行動が減少するかが調査された。しかし、残念ながら犬にはこの効果は生じなかった。

Dear, K., Dutton, K., & Fox, E. (2019). Do 'watching eyes' influence antisocial behavior? A systematic review & meta-analysis. *Evolution and Human Behavior, 40*(3), 269-280.

Mobekk, H., Hessen, D. O., Fagerstrøm, A., & Jacobsen, H. (2020). For your eyes only: A field experiment on nudging hygienic behavior. *Frontiers in Psychology, 11*, 3489.

Neilands, P., Hassall, R., Derks, F., Bastos, A. P., & Taylor, A. H. (2020). Watching eyes do not stop dogs stealing food: Evidence against a general risk-aversion hypothesis for the watching-eye effect. *Scientific Reports, 10*(1), 1-8.

Nettle, D., Harper, Z., Kidson, A., Stone, R., Penton-Voak, I. S., & Bateson, M. (2013). The watching eyes effect in the Dictator Game: it's not how much you give, it's being seen to give something. *Evolution and Human Behavior, 34*(1), 35-40.

Northover, S. B., Pedersen, W. C., Cohen, A. B., & Andrews, P. W. (2017). Artificial surveillance cues do not increase generosity: Two meta-analyses. *Evolution and Human Behavior*, 38(1), 144-153.

「ライ・トゥ・ミー」を見るとウソが検出できなくなる

もとになった論文

Levine, T. R., Serota, K. B., & Shulman, H. C. (2010). The impact of Lie to Me on viewers' actual ability to detect deception. *Communication Research*, 37(6), 847-856.

アメリカのＴＶシリーズ「ライ・トゥ・ミー」は、体の動作や表情からウソを見破ることができる社会科学者が主人公のドラマである。毎回、主人公が登場人物のウソを見破って事件を解決するエピソードが描かれる。このドラマのモデルとなったのは、ウソの非言語コミュニケーションについての専門家で著名な研究者であるポール・エクマン（Paul Ekman）である。番組は実際の科学法則に基づいてつくられていると宣伝されている。

では、このドラマを見て、ウソの見破り方を学べば実際にウソの見破りはうまくなるのだろうか。

表　実験によるホントバイアスと正解率の平均と標準偏差

	ライ・トゥ・ミー	ナンバーズ	統制群
正解率	59.5%（12.1）	61.7%（13.8）	65.2%（11.7）
「ホント」正解率	60.1%（19.1）	69.6%（21.6）	74.3%（16.3）
「ウソ」正解率	58.8%（17.0）	53.8%（24.0）	56.2%（22.5）

これを検討したのが本研究である。実験参加者は18〜26歳の大学生108人。彼らは、3つのグループに分けられ、第1グループは「ライ・トゥ・ミー」を、第2グループは数学者が犯罪を解決する「ナンバーズ」を視聴した。第3グループはなにも視聴しなかった。

その後、彼らには12本のインタビュー動画（さまざまな人種の人物の全身像で、実験における不正についての証言である。時間は各2分間）を評価する課題が与えられた。このインタビューの半数で、インタビューされている人物はウソをついており、残りの半数ではウソをついていなかった。実験参加者には、このインタビューを見て「ウソをついている」か「ウソをついていない」かどちらかに必ず分類してもらった。

すべての条件をとおして、実験参加者は「ウソをついていない」という判断をより多く行なった（56%）。正解率は、62・2%で、ウソをついていない人を正直であると正しく判断する率は、68・2%、ウソをついている人をウソをついていると正しく判断する率は56・1%であった。条件ごとの正解率を上の表に示す。「ライ・トゥ・ミー」を見たグループは、他のグループに比べ、疑り深くなり（「ウソをついている」判断が増加した）、本当のことを言っている人に対して「ウソである」と誤って判断することが多くなった。結果として、全体の正解率は低くなった。つまり、「ライ・トゥ・ミー」を見たことによって、ウソと真実を判断する能力は低下した。

解説と関連する研究

「ライ・トゥ・ミー」などのドラマのもとになっている考え方は、他人のウソを動作や表情から読み取ることができるという考えである。このような考えは広く浸透しており、他人のウソの見破り方についての著作は書店に行けば容易に見つかる。しかし、アカデミックな研究を見てみると、動作や表情からウソを見破るのはかなり難しいということがわかっている（Vrij, 2008）。そのため、他人の動作や表情を見てウソを見破ろうと試みると、ウソを示すシグナルでないものを誤ってウソだと判断してしまうようになり、かえって正解率が低くなる。

ちまたに広まっているウソ見破りのテクニックの一つとして「ウソをつくとき人は（ウソをつく人からみて）右上を見る」というものがある。これはわが国でも相当広まっている考えであるが、実際に実験的に検証してみると完全に誤りであることがわかっている。たとえば、ワイズマンら（Wiseman et al., 2012）は、携帯電話を盗むという模擬窃盗場面を設定して、半数の実験参加者にはウソを、残りの参加者には真実を話させ、その会話を録画して目の動きを分析した。ところが、ウソ条件と真実条件では目の動きに差は生じなかった。また、マンら（Mann et al., 2012）は、実際の空港の出発ゲートで２０４人の到着客を対象に実験を行なった。彼らには「本日はどこに向かいますか」と「旅行の目的はなんですか」という質問に真実かウソで答えてもらった。その結果、そのときの目の動きは、ウソと真実条件で差は見られなかった。

Mann, S., Vrij, A., Nasholm, E., Warmelink, L., Leal, S., & Forrester, D. (2012). The direction of deception: Neuro-linguistic programming as a lie detection tool. *Journal of Police and Criminal Psychology*, *27*(2), 160-166.

Vrij, A. (2008). *Detecting lies and deceit: Pitfalls and opportunities*. John Wiley & Sons.

Wiseman, R., Watt, C., ten Brinke, L., Porter, S., Couper, S. L., & Rankin, C. (2012). The eyes don't have it: Lie detection and neuro-linguistic programming. *PLoS ONE*, *7*(7), e40259.

連続殺人犯は目だけでわかる

もとになった論文

Sharps, M. J., & Herrera, M. R. (2019). The eyes really do have it: Attribution of character in the eyes of killers. *Journal of Police and Criminal Psychology*, 34(2), 105-108.

あたしは
ただ飲みする人
見てるだけ
ですけどね

連続殺人犯とは、一度に一人か二人ずつ、間を開けながら継続的に殺人を繰り返していく殺人犯である。わが国でいえば、宮崎勤や木嶋佳苗などが有名である。さて、このような凶悪犯に殺されないためにわれわれはなんらかの直感的な判断メカニズム、つまり、こういう危険な人物を嗅ぎ分ける能力を進化的に獲得しているとは考えられないだろうか（しかし、完全ではないため時々犠牲者がでる）。

本研究は、連続殺人犯の顔を見て危険性を判断できるのかを検討したものである。

第1実験では、まず、連続殺人犯と非殺人犯の写真を収集した。連続殺人犯の中には、テッド・バンディ、ジェフリー・ダーマー、ヘンリー・ホームズ、グエンドリン・グラハム、チャールズ・マンソン、アイリーン・ウォーノスが含まれていた。非殺人犯群のほうは、インターネットからランダムに収集された人物で、男性4人、女性2人である。年齢的、人種的（全員白人）に連続殺人犯たちとマッチングするように選択した。次に99人の大学生実験参加者（平均年齢18・99歳）に、これらの刺激の目の部分だけを呈示して、7段階でそれぞれの刺激の信頼性（trust）、好ましさ（like）、善良さ（good）について評価させた。その結果、殺人犯群は、非殺人犯群よりも信頼できず（$t(1)=13.50, p<.001$）、好まれず（$t(1)=23.25, p<.001$）、善良でない（$t(1)=11.69, p<.001$）と判断された。

第2実験はこの結果を追試したものである。同様の手続きで61人の大学生（平均年齢19・56歳）が実験に参加した。実験の結果、まったく同様の結果が再現された。

解説と関連する研究

この研究の最大の問題点は、使用された連続殺人犯があまりにも有名すぎるという点である。とくに有名な殺人犯については目の部分だけ見てそれが誰だかわかってしまう人もいるだろう。また、凶悪殺人犯の写真がマスメディアで公開される場合、まさに彼らが凶悪な表情をしている写真が選択的に公開される可能性がある。これらの要因がデータをゆがめた可能性は少なくないだろう。

連続殺人犯とその相貌の関係を扱った研究は前述の研究くらいしかないが、サイコパスとその相貌の関係を扱った研究はいくつか存在する。これらの研究では、指標として、ｆＷＨＲ（Facial Width-to-Height Ratio：顔の横幅（眉毛の下で計測）と顔の縦幅（眉毛の下から唇の上までで計測）の長さの比率）が用いられることが多い。ｆＷＨＲは、攻撃性やテストステロンの量と関係していることがわかっている。この関連をはじめて検討したのは、ジュニオールら（Geniole et al., 2014）で彼らはｆＷＨＲが大きい（顔の横幅が縦幅に比べて長い）とサイコパス特性の一つである大胆不敵な支配傾向やくじを引くときにインチキをする傾向も大きくなることを明らかにした。アンデレルら（Anderl et al., 2016）は、刑務所収監中の囚人などにも協力してもらい、ｆＷＨＲとサイコパス傾向のより直接的な関係を明らかにした。ホルツマン（Holtzman, 2011）は、２０９人の実験協力者に、サイコパスだけでなく、マキャベリアニズム、ナルシシズム傾向を測定するダークトライアド尺度を行ない、それぞれの得点が高い、あるいは低い10人の顔を平均化して、各ダークトライアド特性のプロトタイプ顔を作成している。これらの顔を別の実験参加者に見せてそれぞれのダークトライアド特性について評価させたところ、顔だけからある程度（とくに女性顔の場合）、それらの特性を検出することができる、つまり、ダークトライアド特性が読み取れることが示された。

Anderl, C., Hahn, T., Schmidt, A. K., Moldenhauer, H., Notebaert, K., Clément, C. C., & Windmann, S. (2016). Facial width-to-height ratio predicts psychopathic traits in males. *Personality and Individual Differences*, 88,

99-101.

Geniole, S. N., Keyes, A. E., Carré, J. M., & McCormick, C. M. (2014). Fearless dominance mediates the relationship between the facial width-to-height ratio and willingness to cheat. *Personality and Individual Differences*, *57*, 59-64.

Holtzman, N. S. (2011). Facing a psychopath: Detecting the dark triad from emotionally-neutral faces, using prototypes from the personality Faceaurus. *Journal of Research in Personality*, *45*(6), 648-654.

顔の横幅の狭い男性は殺されやすい

もとになった論文

Stirrat, M., Stulp, G., & Pollet, T. V. (2012). Male facial width is associated with death by contact violence: Narrow-faced males are more likely to die from contact violence. *Evolution and Human Behavior*, 33(5), 551-556.

ｆＷＨＲの大きい顔の男性、つまり、顔の横幅が広い男性は、攻撃的で屈強であり、外部からもそのように見えることが明らかになっている。すると、暴力的な犯罪に巻き込まれる場合でも、そのような人は被害者というよりは加害者的な立場にいる場合が多いだろう、一方で、ｆＷＨＲの小さい男性、つまり顔の横幅が狭い男性は、むしろ、被害者になり、けがをしたり殺されたりする可能性が高いだろう。

では、この仮説は検証されるのであろうか。本研究では、アメリカの法医学人類学データベースを

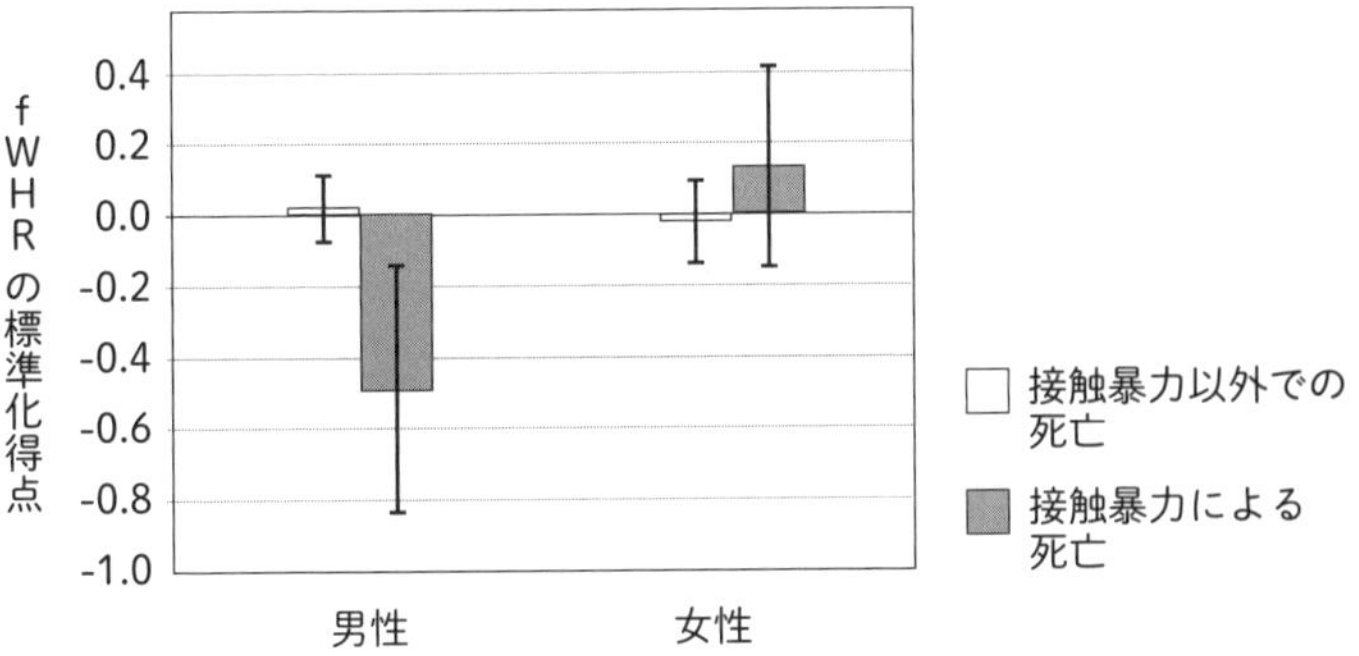

図　fWHRと死因の関係

使用してこれを検討しようとした。このデータベースには、司法解剖されたさまざまな地域のさまざまな人種、経済的階層の人の頭蓋骨の測定値が記録されている。用いたのは男性523人、女性339人分のデータで、男性のうち94人が接触暴力（contact violence）による殺人の被害者、26人がその他の殺人で死亡した被害者で、女性のうち66人が接触暴力による殺人の被害者、31人がその他の殺人の被害者であった。接触暴力による殺人とは、絞殺、刺殺、撲殺などをさし、その他の殺人はおもに銃殺であった。

まず、接触暴力による殺人とその他の原因による死亡のケースについての頭蓋骨の測定値を分析した。その結果、男性と女性は異なったパターンになった。女性の場合、fWHRと殺人被害には関係がなかった。一方、男性では、殺人被害者のfWHRは小さい傾向にあった。

平均的な顔の幅と高さの男性が、接触暴力によって殺された割合は4・4％であったが、fWHR比率が1標準偏差分増える（横幅が増える）と2・6％に減少した。

次に接触暴力による殺人とその他の殺人について比較したが、やはり同様のパターンが見られた。fWHRが1標準偏差分減少する（横幅が減る）と、接触暴力によって死亡する割合が1・52倍になった。いずれにせよ、顔の幅の狭いことと殺されやすさには関連が見られた。

解説と関連する研究

この研究の前提となっているfWHRと攻撃性の結びつきについては、これを示した研究がある一方で、示せなかった研究も存在する、そこで、メタ分析を行なって従来の研究の統合を試みた研究がある（Haselhuhn, Ormiston, & Wong, 2015）。いくつかのスクリーニング条件に適合した19個の研究を統合したところ、これらの間には$r = .11$のそれほど高くはないが有意な相関があることが示された。ゴッツら（Goetz et al., 2013）は、この関連は経済的なステータスと関連していて、低い経済的ステータスの男性にのみfWHRと攻撃性の間に関係があり、高い経済的ステータスの人や女性ではこのような傾向は見られないことを示している。

Goetz, S. M., Shattuck, K. S., Miller, R. M., Campbell, J. A., Lozoya, E., Weisfeld, G. E., & Carré, J. M. (2013). Social status moderates the relationship between facial structure and aggression. *Psychological Science*,

24(11), 2329-2334.

Haselhuhn, M. P., Ormiston, M. E., & Wong, E. M. (2015). Men's facial width-to-height ratio predicts aggression: A meta-analysis. *PLoS ONE*, *10*(4), e0122637.

倫理学者は図書館の本を盗みやすい

もとになった論文

Schwitzgebel, E. (2009). Do ethicists steal more books?. *Philosophical Psychology*, 22(6), 711-725.

倫理学とは、哲学の一つの分野で人間の行動における道徳性や正義について研究する学問である。このような学問を研究している倫理学者や倫理学を学んでいる大学院生などは、もちろん、人一倍倫理的な行動をしていると思われるが、本当だろうか。これを検討したのが、この研究である。

本研究が分析対象としたのは図書館における本の窃盗である。つまり、倫理学者は本を盗みやすいかが研究対象となった。とはいえ、倫理学者に「本を盗みましたか」と質問するわけにはいかず、質問しても正確な答えが返ってくる可能性は少ない。よって、本研究は図書館における倫理学書の紛失や延滞を指標として行なわれた。

最初に対象となる本のリストが作成された。まず、1990〜2001年に主要な哲学専門誌である「哲学レビュー（*Philosophical Review*）」誌の書評欄に載った書籍を倫理学書、非倫理学書（その他）に分類した（分類は倫理学者が行なった）。次に、この中で非常にメジャーな倫理学書と非倫理学書を除外した。これは著名な本であれば倫理学者でなくても借りる可能性があるからである。著名かどうかは、スタンフォード哲学事典に5回以上登場するかによって決定した。その結果、それほど著名ではなく倫理学者くらいしか借りる人はいないだろうという倫理学書とそれほど著名ではない非倫理学書のリストがつくられた。選ばれた倫理学書は126タイトル、非倫理学書は149タイトルであった。

次に全米全英の図書館データベースをチェックして、これらの本の蔵書情報、貸出情報をチェックした。この中には、延滞や紛失の情報も含まれていた。分析の結果、倫理学書は貸出数、延滞に関しては非倫理学書と違いがなかったが、紛失に関しては、非倫理学書よりも多かった。（倫理学者くらいしか借りる人はいないであろう）倫理学書の紛失率は非倫理学書のおよそ1・5倍であった。

第2研究では、彼らはより古典的な倫理学書について同様の調査を行なった。その結果、古典的倫理学書ではこの傾向はさらに顕著であり、非倫理学書では、閉架図書の8・4%が紛失していたのに対して、倫理学書では16・9%の図書が紛失しており、紛失率は2倍であった。これらの結果は倫理学を研究している研究者はそれ以外の哲学研究者に比べて、本を盗みやすいということを意味している。彼らは、自分が倫理を守れないので倫理学を研究しているのかもしれない。

解説と関連する研究

カリフォルニア大学リバーサイド校のエリック・シュヴィッツゲーベル（Eric Schwitzgebel）教授は、倫理学の教授だが、興味深いことに、彼は、「倫理学者はじつは倫理的ではない」ことを示すために情熱をそそいでいる。

ここで紹介した論文はたまたま彼の仮説に沿った結論が出たものであるが、多くの研究は、倫理学者と他の学者の行動に差を見いだしていない。たとえば、参加費が強制でなく自己申告制のアメリカ哲学会において、倫理学者はそれ以外の哲学者に比べて参加費を支払わないかが検討された（Schwitzgebel, 2013）。参加費を払った倫理学者は74％で、倫理学者以外の76％と差がなかった。また、アメリカ哲学会の倫理学のシンポジウムと倫理学以外のシンポジウムで、発表中の私語、ドアをバタンと閉めて出て行く行動、会議終了後に紙コップやゴミを置いて出て行く行動を比較した結果、とくに倫理学のシンポジウムで参加者のマナーが悪いわけではないことがわかった（ただし、環境倫理学のシンポジウムではゴミが減った；Schwitzgebel et al., 2012）。ラストとシュヴィッツゲーベル（Rust & Schwitzgebel, 2013）は、倫理学者は学生からのメールに返事を出さないことが多いのではないかという仮説を検証するために、実際に教授に偽のメールを出してみて返事がくるかを確認した。しかし、倫理学専攻の教授とそれ以外の哲学教授にはメール返信率に差はなかった。

なぜ彼がここまで、倫理学者の非倫理性を追求するのかについては謎である。

Rust, J., & Schwitzgebel, E. (2013). Ethicists' and nonethicists' responsiveness to student e-mails: Relationships among expressed normative attitude, self-described behavior, and empirically observed behavior. *Metaphilosophy*, *44*(3), 350-371.

Schwitzgebel, E. (2013). Are ethicists any more likely to pay their registration fees at professional meetings?. *Economics & Philosophy*, *29*(3), 371-380.

Schwitzgebel, E., Rust, J., Huang, L. T. L., Moore, A. T., & Coates, J. (2012). Ethicists' courtesy at philosophy conferences. *Philosophical Psychology*, *25*(3), 331-340.

その十

すばらしきアカデミックワールド

論文が引用されるかどうかは タイトルで決まる

1　論文はタイトルが短いほどよく引用される

もとになった論文

Letchford, A., Moat, H. S., & Preis, T. (2015). The advantage of short paper titles. *Royal Society Open Science*, 2(8), 150266.

研究者の評価は、出版した研究論文の本数とその論文が他の研究者から引用された数によって決まるといっても過言ではない。そのため、研究者は日々、より大きなインパクトのある（他の研究者から引用される）論文を書こうと努力している。では、どんな論文がより引用されやすいのだろうか。この論文では、その重要な要因の一つとして、論文のタイトルの長さに注目している。

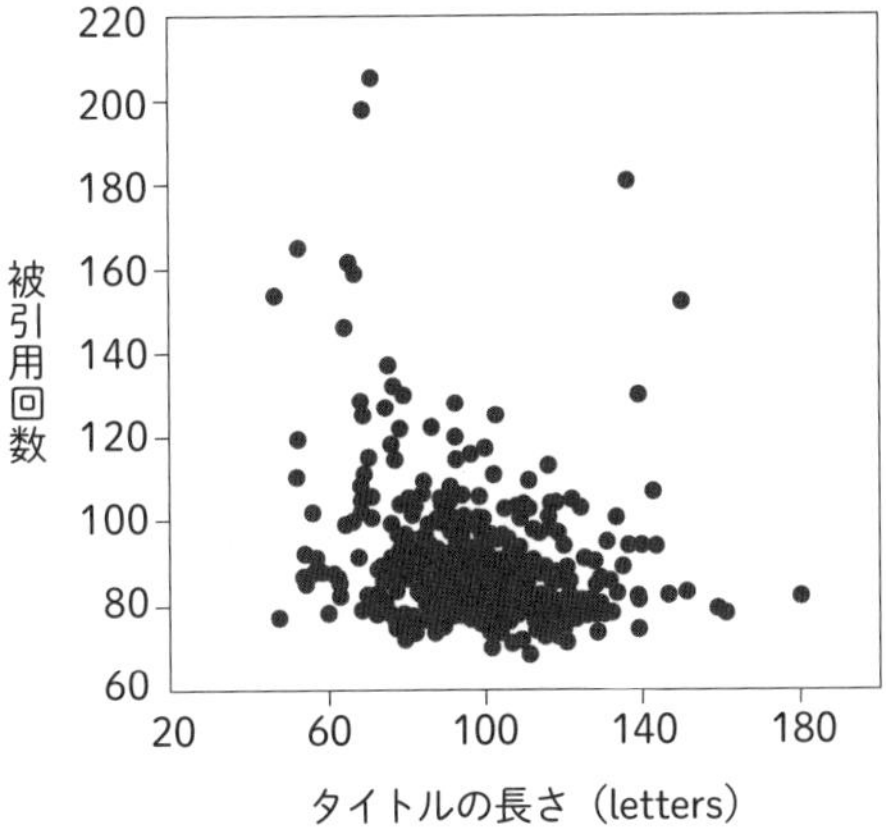

図１　論文タイトルの長さと被引用回数の関係

まず、エルゼビア社が提供している世界最大級の査読論文プラットフォームであるScopus（自然科学、社会科学、人文科学のすべてを網羅している）から２００７〜２０１３年までの１年ごとに最もよく引用された2万件の論文を収集し、それらのタイトルの長さとそれらの論文の被引用回数をカウントした。この両者について、すべてを順序づけし、年ごとにケンドールの順序相関係数の値を算出した。その結果、すべての年度で相関がマイナスになった。また、ジャーナルごとのタイトルの長さの中央値と引用回数の中央値についての有意な負の相関が見られた。つまり、論文タイトルは短いほどよく引用されるのである。

2 論文はタイトルが長いほどよく引用される

もとになった論文

Jacques, T. S., & Sebire, N. J. (2010). The impact of article titles on citation hits: An analysis of general and specialist medical journals. *Journal of the Royal Society of Medicine, JRSM short reports*, *1*(1), 1-5.

この研究では、3つのメジャー医学ジャーナルを対象にしてそのタイトルに含まれる単語と長さが被引用回数に与える影響について調査された。対象とされたジャーナルは、*Lancet* と *British Medical Journal* そして *Journal of Clinical Pathology* である。最初の2つは一般的医学誌で3つ目は特定領域の専門誌であるが、いずれも一流ジャーナルである。2005年に掲載された論文の中から最も被引用回数の多かった論文25編と最も被引用回数の少なかった論文25編を抽出し、その特性について比較した。*Lancet* では、最低引用論文の被引用回数が2～12（中央値8）だったのに対して、被引用回数の多い論文は、240～1075（中央

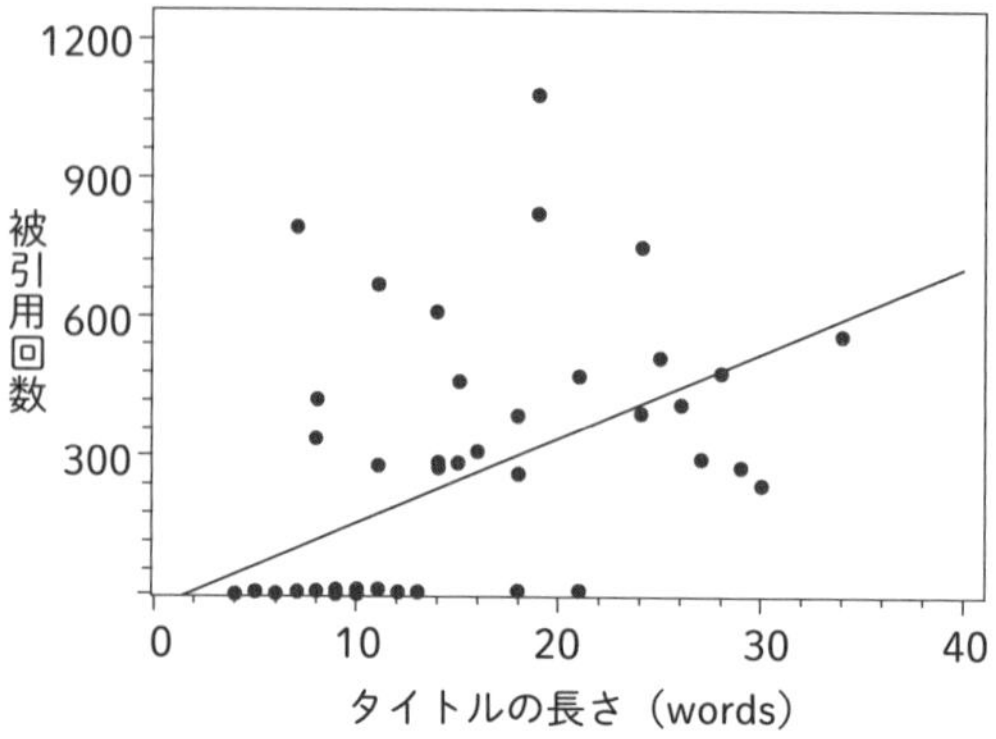

図2　論文タイトルの長さと被引用回数の関係

値412）であった。被引用回数の多い論文によく見られる単語としては、無作為化、試験、リスク、癌などがあり、特定の国名を含んだ論文は引用されない傾向にあった。論文タイトルは長いほうが引用される傾向にあり、とくにコロンで区切られた2つのコンポーネントをもつ論文がよく引用された。

3 タイトルを疑問形にするとダウンロードされやすくなるが引用はしてくれない

もとになった論文

Jamali, H. R., & Nikzad, M. (2011). Article title type and its relation with the number of downloads and citations. *Scientometrics*, 88(2), 653-661.

この研究では、論文タイトルの種類が、ダウンロードと被引用回数に与える効果について分析された。この論文が焦点を当てているのは、そのタイトルの形式である。まず、論文タイトルを3つの種類に分類した。1つ目は、宣言的なタイトルで、これは主要な結論をタイトルに含むものである、2つ目は記述的・中立的タイトルで、これはタイトルに論文のテーマは含むが結論は含まないものである。3つ目は質問的タイトルで、これは論文の目的とすることを質問形式でなげかけるものである（つまり「?」で終わるタイトルである）。

対象となったのは、2007年に公開されたすべての*PLoS*（*Public Library of Science*）ジャーナル2172件で、おもに生物学、医学分野の論文である。*PLoS*ジャーナルはいわゆる一流誌ですべての情報がウェブ掲載されているため選択された。すべての論文のダウンロード数と被引用回数とタイトルの形式等について分析が行なわれた。

その結果、ダウンロード数は、宣言的＜記述的・中立的＜質問的となった。また、被引用回数は、質問的＜記述的・中立的＝宣言的となった。つまり、質問的タイトルはダウンロードされやすいが引用はされない傾向にあった。この研究では、ほかに、タイトルが短いほどダウンロードされやすく（Speaman's rho＝-.183）、タイトルが長いほど論文が長い（Speaman's rho＝-.123）、論文が長いほど引用されにくい（Speaman's rho＝-.069）、論文タイトルにコロンが含まれるほど引用されにくくなる（r＝.054, p＜.05）ということもわかった。

4　論文タイトルでウケを狙うと引用回数が減る

もとになった論文

Sagi, I., & Yechiam, E. (2008). Amusing titles in scientific journals and article citation. *Journal of Information Science*, 34(5), 680-687.

本研究では、科学論文のタイトルでのユーモアの使用が、論文の被引用回数と関連しているかどうかが調べられた。心理学を専攻する8人の大学院生が、4人ずつのグループで心理学の最も権威のある2つのジャーナル、*Psychological Bulletin* と *Psychological Review* に掲載された10年間分（１９８５～１９９４年まで）のすべての論文のタイトルを評価した。評価対象には、*Psychological Bulletin* が６５８タイトル、*Psychological Review* が３５１タイトル、合計１００９本が含まれていた（その後、コメント論文やその返答論文などは省かれた）。評価者には、タイトルが一覧となった表が与えられ、彼らは、そのタイトルがどのくらい「面白いか（amuse）」かについて7段階で評価した。次に、面白さが平均よりも2標準偏差以上高いタイトルをトップアミューズメント（非常に面白いタイトル）群とした。トップアミューズメント論文には、ミセリ（Micceri, 1989）の“The unicorn, the normal curve, and other improbable creatures（ユニコーン、正規分布、その他ありえそうもない生物）”などが含まれた。

まず、面白さ評価値と各論文被引用回数の相関を分析したところ、これらの間に有意な相関はなかった（$r=.03$, *n.s.*）。つまり論文のタイトルが面白いからといって被引用回数は増えなかった。次にトップアミューズメントタイトルグループと残りの論文の違いを分析した。その結果、トップアミューズメント論文は、両方のジャーナルで引用回数が有意に少なかった（$t(104.1)=-3.37$, $p<.01$, $d=.27$）。これは、とくに「面白い」タイトルは、逆に被引用回数を減らす効果があることを示している。

追加的な分析として、同じ著者がトップアミューズメント論文とそれ以外を書いている（共著者を

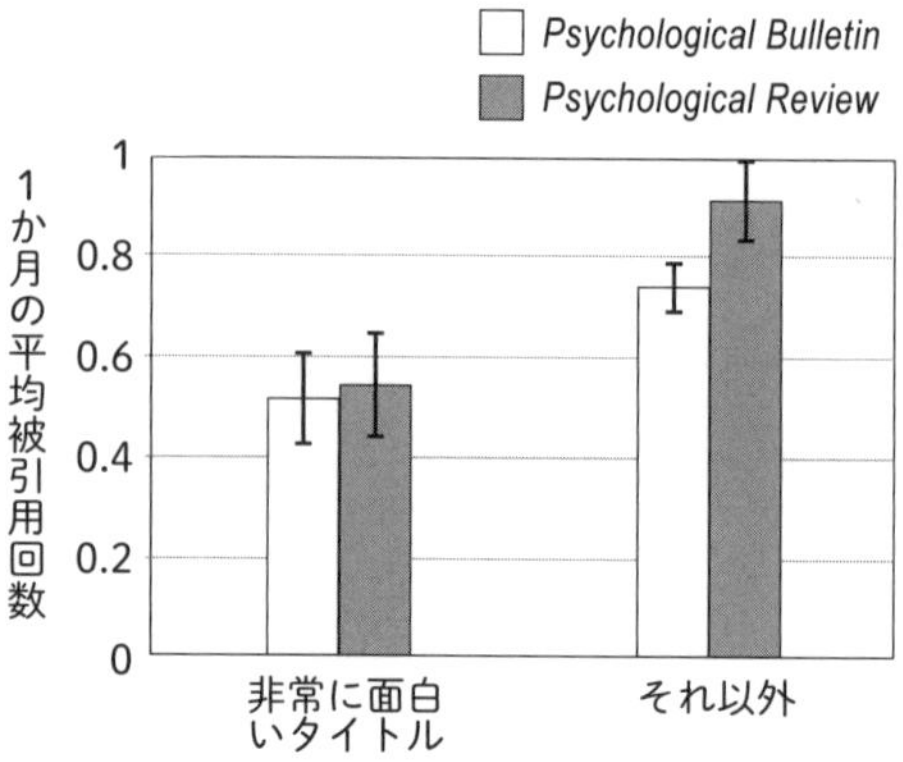

図３　論文のタイトルの面白さと被引用回数の関係

含む）論文19ペアを抽出し、それらの間に被引用回数の違いがあるかを分析した。その結果、全体の分析と同様に、トップアミューズメントタイトルの被引用回数（0・58／月）は、その他論文の被引用回数（1・55／月）に比べて少なく、引用回数に62％の違いがあった。この差は、統計的に有意であった（$t(21.7)=1.69, p=.10$）。

このような結果になった原因にはいくつかのことが考えられる。一つは、「面白い」タイトルがテーマの信頼性を損ねてしまうというものである。もう一つは、面白いタイトルには適切なキーワードが含まれていないことが多く、その結果として検索から漏れてしまっているということである。しかし、面白いタイトルの論文は実際にたいした内容ではなく、タイトルによって実際の価値をかさ増ししている可能性もなくはないだろう。

解説と関連する研究

研究者にとって、自分の論文がどの程度引用されるかは、死活問題である。本来なら、科学的に貢献度の大きな論文が多く引用され、それほど貢献しない論文はあまり引用されるべきでないのだろうが、実態は必ずしもそうではなく、タイトルの長さのようなあまり本質的でないものが意外と引用頻度に影響してしまう。そのため、どのような姑息な手段が引用回数を増やすかについては莫大な研究が行なわれてきた。タイトル研究は、その一つの分野であるが、長さの問題以外でも、たとえば、バターとヴァン＝ラーン（Buter & van Raan, 2011）は、タイトルにハイフン、コンマ、コロン、括弧などを使用すると、タイトルにアルファベットと数字のみが含まれる論文よりも多くの引用が得られることを示している。前述の研究のように、タイトルにコロンが含まれると引用されにくくなるという結論も出ているので（Jamali & Nikzad, 2011）、研究結果は整合していない。ハートレイ（Hartley, 2007）もコロンの使用は読者には好まれるが、引用回数を増加させることはないことを示している。

ほかにも、アブストラクトの字数やキーワードの数、論文自体の長さ、図表の有無、流行のキーワードの使用、著者の職階（教授か講師かなど）、著者の性別、国籍などと被引用回数の関連についての研究が行なわれている（Tahamtan, Afshar, & Ahamdzadeh, 2016）。ただし、このようなパターンは学問分野の性質によって大きく異なるのは明らかである。タイトルの長さ問題にしても、社会学や応用物理学では、タイトルが短いほうが引用されやすく、内科学・一般医学では、タイトルが長いほうが引用されやすい（Tahamtan, Afshar, & Ahamdzadeh, 2016）などの交互作用が存在する。そのため、今後はこのような変数もふまえながらより洗練した（姑息な）手段を開発していくことが必要であろう。

Buter, R. K., & van Raan, A. F. (2011). Non-alphanumeric characters in titles of scientific publications: An analysis of their occurrence and correlation with citation impact. *Journal of Informetrics*, *5*(4), 608-617.

Hartley, J. (2007). Planning that title: Practices and preferences for titles with colons in academic articles. *Library & Information Science Research*, *29*(4), 553-568.

Micceri, T. (1989). The unicorn, the normal curve, and other improbable creatures. *Psychological Bulletin*, *105*(1), 156–166.

Tahamtan, I., Afshar, A. S., & Ahamdzadeh, K. (2016). Factors affecting number of citations: A comprehensive review of the literature. *Scientometrics*, *107*(3), 1195-1225.

「論文が書けない」という論文

もとになった論文

Upper, D. (1974). The unsuccessful self-treatment of a case of "writer's block". *Journal of Applied Behavior Analysis*, 7(3), 497.

本論文は、マサチューセッツ州のブロックトン在郷軍人局病院の行動療法ユニットに所属するデニス・アッパー（Denis Upper）のものであるが、本文と引用文献はない。タイトルと著者名に続いて空白のスペースだけが続く。空白の真ん中には、REFERENCESという単語だけがぽつんと浮かんでいる。

ちなみに査読済み論文である。

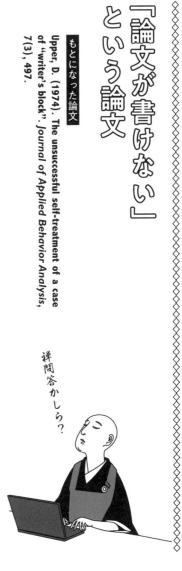

解説と関連する研究

「ライターズブロック（writer's block）」とは作家が文章を書けなくなってしまう状態をさす。研究者としては、新たな研究が生み出せない、論文が書けない状態がこれにあたる。この現象についてアッパー（Upper, 1974）が *Journal of Applied Behavior Analysis* に投稿した論文「ライターズブロックの一事例：うまくいかなかった自己療法」は、ライターズブロックをまさに体現する論文であり、本文はない。タイトルと著者名しかない。REFERENCESという単語はあるが、文献は一つも載せられていない。この特殊な形態の論文を掲載するにあたって、編集者は念のためにレフリーのコメントを載せている。レフリーAのコメントは「私はこの論文をレモン汁やX線を使って非常に詳細に検討しましたが、研究デザイン、文章ともに一つのミスも発見できませんでした。ゆえに改訂なしでこの論文を出版することをおすすめします。明らかにこれは私が見た中で最も簡潔な論文ですが、他の研究者がアッパー博士の失敗を追試するには十分な情報が含まれています。詳細情報が多々書かれた他の論文に比べ、この論文の査読はとても楽しかったです」というもので、改訂なしでこの論文を掲載可としている。

この研究はその後、モロイ（Molloy, 1983）によって追試された。この論文では、REFERENCESにアッパー（１９７４）の論文が引用されているが、やはりタイトルと著者名だけであとはなにも書かれていない。確かにアッパーの研究が追試されたわけである。翌年、ヘルマン（Hermann, 1984）は、さらにこれらの研究の追試が部分的に失敗したという論文を*Perceptual and Motor Skills*誌に掲載した。この論文の本文は、「一般的にライターズブロックの自己療法は失敗したと報告されているが、完全にメリットがないわけではない。なぜなら」だけである。つまり、ヘルマンは、おそらくライターズブロックの自己療法を一部だけ成功させたが、「なぜなら」までしか書けなかったのだと思われる。ちなみにこの論文の注釈によると、この研究は、アイザック・アシモフ（Isaac Asimov：有名なSF作家）が代表となって開催された第1回ライターズブロックとの戦い国際会議 First Annual Convention of the International Association to Combat Writer's Blockで発表されており、アメリカコミュニケーション障害協会とナショナルルーズリーフペーパー協会からの助成金を得て行なわれている。

同年、オルソン（Olson, 1984）は、この現象についてのはじめての文献研究を公刊した。この論文では、前述の3つの論文を取り上げて、ライターズブロックにおける自己療法の困難性が一貫した現象であることを示しているが、この論文の著者自体もライターズブロックに陥った模様である。

ここで研究自体も行き詰まったように思われたが、同年、スキナーら（Skinner et al., 1985）が新たな観点からの研究を公刊した。従来の研究が、自己療法だったのに対して、この研究ではグループ療法が試みられている。しかし、ライターズブロックに対しては効果がなかったらしく、この論文も本文は存在しない。ただし、彼らのチームはその後も研究を続け、10年後にはスキナーとペリーニ

（Skinner & Perlini, 1996）が論文としてフォローアップ研究を公刊している。本人たちは、10年たっても効果はないとしているが、この論文にはほぼ完全なアブストラクト（のみだが）が掲載されており、客観的には以前よりも若干の進展はあったことがうかがわれる。この論文では、共著者の他大学への移動や死亡などが生じた場合、グループ療法の継続が困難であることなどが指摘された。

その後、２００７年には、再び、*Journal of Applied Behavior Analysis* 誌上に新しい研究が掲載された。ディデンら（Didden et al., 2007）の研究である。この論文は、クロスカルチュラルな追試研究であり、オランダ、タスマニア、アメリカ、バリの国際共同プロジェクトである。この研究もアッパー（１９７４）の研究を完全に追証することに成功しており、本文はない。

ライターズブロック研究がある程度蓄積されてきたことからマックラーンとトーマス（McLean & Thomas, 2014）は、従来の研究で明らかになったことを整理する目的で、メタ分析研究を行なった。この論文では、アッパーからディデンらの研究までが検討されている。分析の結果、自己療法よりも集団療法のほうがライターズブロックには、効果がない可能性が示された。しかし、この分析では、それぞれの論文の本文の語数が効果の指標として用いられており、ヘルマン（１９８４）の研究のみが本文に23語含まれていた（他の論文はすべて0語）ことのみによって生じたものである。このメタ分析には集団療法で実施されたスキナーらの10年後のフォローアップ研究が含まれていないのであるが、この論文は84語（すべてアブストラクト）あり、これを含めれば、異なった結論になった可能性が大きい。

その後、この流れの研究は学際的に展開していくことになる。ブロッドヘッドら（Brodhead et al., 2019）は、応用行動分析、学校心理学、実験心理学、教育政策、教育心理学、および音声言語病理学の専門家のチームによる研究であるが、アッパー（１９７４）の研究を完全に追試することに成功しており、本文は存在しない（この論文には一見本文があるように見えるが、それは編集者からこの論文に送られた賛辞である）。

この研究がきっかけとなったのか、その後、ライターズブロックの研究は心理学の範囲を超えて展開されるようになる。アルティノ・ジュニア（Artino Jr., 2016）は、医学教育の分野でアッパー（１９７４）の研究を取り上げ、その完全な追試に成功している。この論文の卓越した点は、本文が完全にないにもかかわらず、論文が2ページにわたっているところである（他の追試研究のほとんどが１ページにとどまっている）。また、本文がないにもかかわらず、受理から掲載決定まで5か月を要しており、医学界にとっても挑戦的な内容であったのだと推察される。

アッパーの流れの研究は、その後は発表されていない。しかし、近年カルフラティ（Karhulahti, 2020）によるNothing: A Reviewという論文が*Humanity & Society*誌に掲載された。この論文も本文、引用文献ともに欠如しているという特徴がある。これがライターズブロックと関連しているかどうかについては慎重に検討していくことが必要であろう。ただし、*Humanity & Society*誌上にこの論文は見あたらず（Nothing）、それゆえ、この検討には困難が予想される。いずれにせよ、ライターズブロック研究はいまだ解決した問題ではなく、今後も引き続き研究することが必要であろう。

Artino Jr., A. R. (2016). The unsuccessful treatment of a case of 'Writer's Block': A replication in medical education. *Medical Education*, *50*(12), 1262-1263.

Brodhead, M. T., Truckenmiller, A. J., Cox, D. J., Della Sala, M. R., Yough, M., & Hartzheim, D. U. (2019). A multidisciplinary replication of Upper's (1974) Unsuccessful self-treatment of writer's block. *Behavior Analysis in Practice*, *12*(3), 547-547.

Didden, R., Sigafoos, J., O'Reilly, M. F., Lancioni, G. E., & Sturmey, P. (2007). A multisite cross-cultural replication of unsuccessful self-treatment of writer's block. *Journal of Applied Behavior Analysis*, *40*(4), 773.

Hermann, B. P. (1984). Unsuccessful self-treatment of a case of "writer's block": A partial failure to replicate. *Perceptual and Motor Skills*, *58*(2), 350-350.

Karhulahti, V. M. (2020). Nothing: A review. *Humanity & Society*, 0160597620932891.

McLean, D. C., & Thomas, B. R. (2014). Unsuccessful treatments of "Writer's Block": A meta-analysis. *Psychological Reports, 115*(1), 276-278.

Molloy, G. N. (1983). The unsuccessful self-treatment of a case of "writer's block": A replication. *Perceptual and Motor Skills*, *57*(2), 566-566.

Olson, K. R. (1984). Unsuccessful self-treatment of "writer's block": A review of the literature. *Perceptual and Motor Skills*, *59*(1), 158-158.

Skinner, N. F., & Perlini, A. H. (1996). The unsuccessful group treatment of "writer's block": A ten-year follow-up. *Perceptual and Motor Skills*, *82*(1), 138-138.

Skinner, N. F., Perlini, A. H., Fric, L., Werstine, E. P., & Calla, J. (1985). The unsuccessful group-treatment of "writer's block". *Perceptual and Motor Skills*, *61*(1), 298-298.

試験前にはおばあさんが死にやすい

もとになった論文

Adams, M. (1999). The dead grandmother/exam syndrome and the potential downfall of American society. *The Connecticut Review*, 7 (2), 70-74.（再録 ***Annals of Improbable Research*, 5, 1-6**）

試験前や当日になると大学教員はしばしば、「祖母が急死したので、テストに出席できない（ゆえになんとか試験なしで単位をくれ、あるいは試験代替措置をとってくれ）」といった学生からの申し出を聞く。そのため、数年も大学で教鞭を執っていれば、なぜか試験前に学生の祖母が死ぬことが多いという事実に気づいてくるものだ。この論文は、本当に試験前に祖母が死にやすいのかを分析したものである。データの収集方法はこの論文では詳しくは述べられていないが、著者のマイク・アダムス（Mike Adams）が大学教師として、20年間以上にわたって、収集してきたデータである。

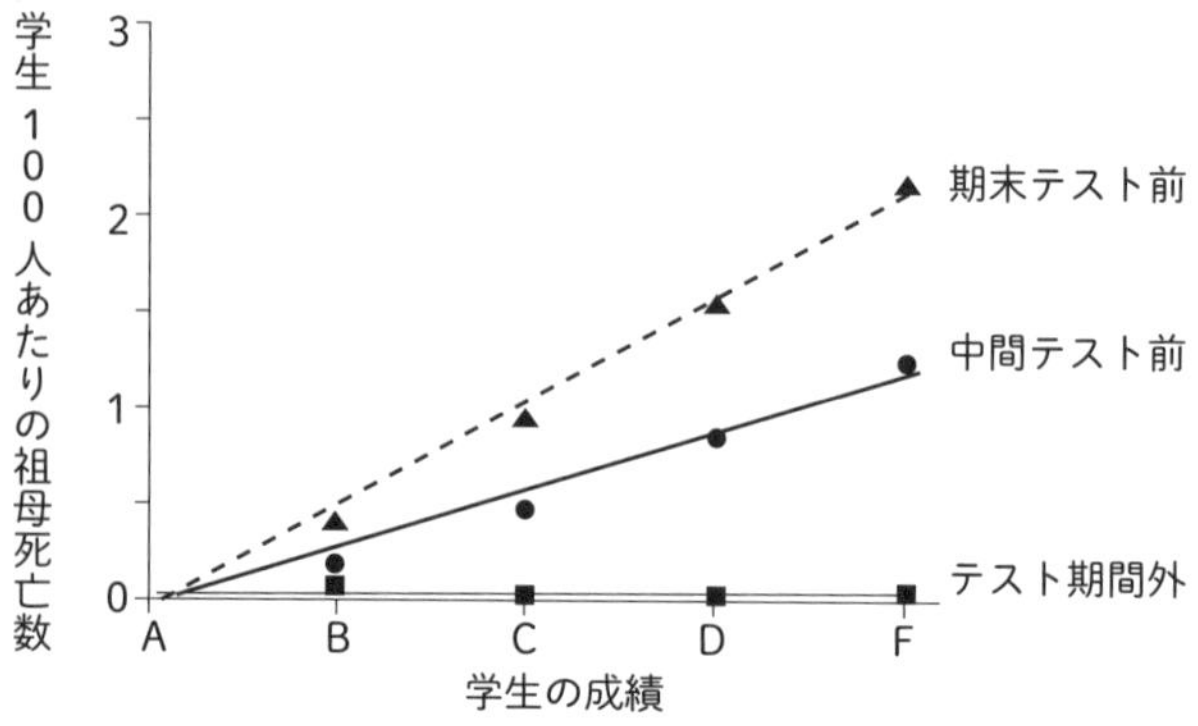

図　学生の成績と祖母死亡率の関係

アダムス（Adams, 1999）は、まず、祖母の死亡が申告される時期について、試験のない期間、それに中間試験、期末試験の直前の週に分けて集計した。その結果、まず、これらの期間の中で期末試験の直前の週に祖母の死亡率が急激に高まることが明らかになった。

次に学生の成績と祖母の死亡率の関係について、クロス集計したところ、驚くべきことにこれらの間に交互作用があることがわかった。学生100人あたりの祖母の死亡率を見てみたところ、成績がAグレードの学生の祖母は普段の週では100人あたり、0・04人しか死亡しないのに、Fグレードの学生の祖母はとくに重要な最終試験の前には2・18人も死亡していた。つまり、試験前に死亡する可能性が高いのは、劣等生の祖母なのである。

彼は、続いて回帰分析によってこの傾向を分析した。すると、学生の成績と祖母の死亡率の間には、期間ごとに明確な線形的な関係が見られることが明らかになった。

また、父親の死亡にはこのような傾向は見られず、家族の数も祖母の死亡率と関係していなかった（ただしこの分析では、試験前に同一の祖母が4回も死亡した悲劇的な野球部の学生のケースは分析から省かれている）。さらに、試験前に家族が突然死する傾向は1960年代〜1990年代にかけて急上昇しているということが示された、もし、このままでいくと今後、アメリカでは試験前に大量の祖母が死亡するという公衆衛生上の一大危機を迎える可能性があるという。

解説と関連する研究

この論文は「オモシロ論文」として世界的に有名である。しかし、データ収集方法についての詳細な記載がないため、論文の信頼性には深刻な問題がある。回帰分析結果のフィットがよすぎる点も考慮すれば、フェイク研究である可能性も捨てきれない。ぜひ、詳しい研究方法とローデータを公開してほしいものである。また、著者は20年後の一大危機を予言しているが、論文発表後すでに20年以上経過した現在も、大学における祖母死亡ラッシュは発生しておらず、幸か不幸か予言は当たらなかったようである。

コラム

はげたかジャーナル（predatory journal）

オモシロ論文を読んでいく場合、データのねつ造や改変がある怪しい論文をつかまされないようにすることが重要である。多くの（まっとうな）ジャーナルは、それなりに厳密な査読を経て出版されるので、ジャーナルの「格」が高い場合には、そのような不正な論文が載っているケースは比較的少ないと考えることができる（最近、少し怪しいという意見もあるが）。ところが、近年、オープンアクセスジャーナルが盛んになるに従って、まっとうでないジャーナルが次々に登場してきている。これらのジャーナルは基本的には「金さえ払えばどんな内容でも掲載される」というものである。このようなジャーナルを、はげたかジャーナルという。問題なのは、ジャーナルの数が多すぎて、どのジャーナルが、はげたかなのかがわかりにくくなっているという点である。自分の専門分野であればジャーナルの「格」は把握できている場合が多いし、自分が投稿する場合にはそのジャーナルが、はげたかかどうかはチェック（これもじつはそう簡単ではない）することができるが、「読む」場合、とくに自分の専門分野でない分野のジャーナルを読む場合には、それが、はげたかかどうか判断するのは難しいし、いちいち調べてもいられない。しかも、はげたかジャーナルのタイトルはごく自然なものが多い（しかもホームページも立派な場合が多い）のでさらに判断は難しい。現在、各大学や学術機関がはげたかジャーナルリストなどをつくって公開しているが、はげたかジャーナルは次々つくられるため、結局、いたちごっこになってしまっている。オモシロ論文探しにとっても大きな問題である。

著者紹介

越智啓太（おち・けいた）

法政大学文学部心理学科教授。

横浜市生まれ。学習院大学大学院人文科学研究科心理学専攻修了。警視庁科学捜査研究所研究員などを経て現職。臨床心理士。専門は、プロファイリングや虚偽検出等の犯罪捜査への心理学の応用。その一方で、素朴なオモシロ研究を愛しさまざまな論文を密かに読み進めてきた。また、これらの研究を追試することを生きがいにしている。最新論文は「恋愛関係における『恋は盲目』バイアス」（法政大学文学部紀要）で、今の恋人は過去の恋人よりもかっこよく（美しく）みえることを科学的に明らかにした。

著書は、『ケースで学ぶ犯罪心理学』（北大路書房）、『テキスト司法・犯罪心理学』（北大路書房）、『記憶心理学と臨床心理学のコラボレーション』（北大路書房・共著）、『美人の正体』（実務教育出版）、『恋愛の科学』（実務教育出版）、『Progress & Application 司法犯罪心理学』（サイエンス社）など多数。

テレビ・映画等メディアでも、犯罪心理学や社会心理学の観点から多くの人気ドラマを監修、コメント出演をしている。

趣味は授業と資格取得。「甲種火薬類取扱保安責任者免状」「警戒業務管理者・専従警戒要員」「心電図検定」などマニアックなものを中心に多数の資格をもつ。

すばらしきアカデミックワールド
――オモシロ論文ではじめる心理学研究

2021年12月10日　初版第1刷印刷
2021年12月20日　初版第1刷発行

定価はカバーに表示してあります

著　者　越智啓太

発行所　(株) 北大路書房
〒603-8303　京都市北区紫野十二坊町12-8
電　話　(075) 431-0361 (代)
FAX　(075) 431-9393
振　替　01050-4-2083

編集・デザイン・イラスト・装丁　上瀬奈緒子（綴水社）
印刷・製本　創栄図書印刷（株）

 ISBN978-4-7628-3177-5